Über dieses Buch Trutzhain, 40 Kilometer nordöstlich von Marburg a. d. Lahn im sogenannten Schwalmtal, liegt ziemlich genau in der Mitte der Bundesrepublik und ist, wie diese, ein Produkt des Krieges. 1939 wurde hier ein Lager für Kriegsgefangene errichtet, an die kaum mehr lesbare Grabinschriften erinnern; später zogen Flüchtlinge in die leergewordenen Barakken und fanden hier schließlich eine neue Heimat. Martin Grzimek unternimmt am Beispiel der Geschichte dieses Dorfes und seiner eigenen Kindheit in den 50er Jahren den Versuch einer persönlichen, zeitgemäßen Geschichtsschreibung.
»... ein erstaunliches Stück Literatur. Es knüpft an die Vater-Sohn-Prosa von Peter Härtling, Christoph Meckel, Günter Seuren und vielen anderen an und geht doch gleichzeitig weit darüber hinaus. Kein ›Suchbild‹ wird da zusammengesetzt, nicht ›Abschied von einem Mörder‹ genommen, die Hitler-Historie nicht am Schicksal der eigenen Familie exemplifiziert, sondern an der Entwicklung eines Ortes und der zufällig wahllos dorthin verschlagenen Menschen anschaulich gemacht.«

(Franz Josef Görtz)

Der Autor Martin Grzimek wurde 1950 in Trutzhain/Hessen geboren. Er studierte Theaterwissenschaft in Berlin, Philosophie und Literaturwissenschaft in Heidelberg. Sein erster Roman ›Berger‹ erschien 1980. 1982 folgte der Erzählungsband ›Stillstand des Herzens‹ (Fischer Taschenbuch Bd. 5854). 1983 erhielt er den Literaturpreis des B. d. I. Martin Grzimek lebt heute in Heidelberg.

MARTIN GRZIMEK

TRUTZHAIN

EIN DORF

FISCHER TASCHENBUCH VERLAG

Ungekürzte Ausgabe
Veröffentlicht im Fischer Taschenbuch Verlag GmbH,
Frankfurt am Main, August 1986

Lizenzausgabe mit freundlicher Genehmigung des
Carl Hanser Verlags, München

Umschlaggestaltung: Jan Buchholz / Reni Hinsch
Gesamtherstellung: Clausen & Bosse, Leck
Printed in Germany
980-ISBN-3-596-25458-2

INHALT

Allen Einwohnern Trutzhains, die mir beim Zustandekommen dieses Buches geholfen haben, möchte ich danken. Das gleiche gilt für den Deutschen Literaturfonds in Darmstadt, der das Projekt finanziell unterstützte. Gewidmet ist die Erzählung meinen Eltern.

ANNÄHERUNGEN

I

Etwa vierzig Kilometer nordöstlich von Marburg an der Lahn liegt im sogenannten Schwalmtal ein Dorf, das ich beschreiben möchte. Es heißt Trutzhain, ich bin dort geboren und aufgewachsen, habe es mit achtzehn Jahren verlassen, um erst in Berlin, dann in Heidelberg zu studieren, wo ich nun seit etwa zehn Jahren lebe: »als Schriftsteller«, wie es in den biographischen Angaben heißt, die ich manchmal für den Klappentext eines neuen Buches oder den Programmzettel einer Lese-Veranstaltung abfassen muß.

Meinen Geburtsort habe ich dabei immer mit dem in Klammern gesetzten Hinweis »Hessen« angegeben, denn das Dorf ist so unbedeutend und klein, daß es sich auf keiner normalen Landkarte finden läßt. Der Zusatz »Hessen« sollte helfen, es wenigstens in einem vorstellbaren Gebiet zu lokalisieren.

Ich selbst habe einmal, noch als Kind, das Dorf mit einem großen schwarzen Punkt und daneben seinen Namen in Druckbuchstaben auf einer Übersichtskarte von Deutschland in meinem Schulatlas eingetragen. Ich stelle mir vor, dies ist an einem der vielen verregneten Nachmittage geschehen, an dem ich lustlos eine Erdkundestunde vorbereiten mußte. Die Karte, über der ich saß, zeigte das gesamte Deutschland nach Ende des Zweiten Weltkriegs; die Grenzen zu Frankreich, zur Schweiz oder zu Dänemark waren ebenso unscheinbar gestrichelt wie jene innerhalb des ehemaligen »Reichsgebietes«, also zwischen der Bundesrepublik und der damals noch sogenannten sowjetisch besetzten Zone und der Grenze zum jetzigen Polen. An den unteren weißen Rand dieser Karte hatte ich zwei Zahlengruppen notiert. Die erste hieß »28/14«, die zweite »13/6½«. Die erste Zahlengruppe bezeichnet den Längsschnitt durch die Bundesrepublik vom äußersten Norden bis zum äußersten Süden. Legt man ein Lineal durch die Mitte dieser Achse und im rechten Winkel zu ihr, mißt das Land an dieser Stelle von Westen nach Osten 13 cm, wobei auch die so entstandene Querachse durch die von oben nach unten gezogene Senkrechte halbiert wird. Und genau im Schnittpunkt der beiden Linien, also in dem von mir durch dieses Koordinatensystem hergestellten Null- und Mittelpunkt des Landes, liegt das Dorf. Ein Dasein in einem Mittelpunkt muß meiner noch kindlichen Selbstwahrnehmung durchaus entsprochen haben; daß dieser Mittelpunkt auch mathematisch nachweisbar war, daß sich über ihm die Teile der Karte eines ganzen Landes falten und zur Deckung bringen ließen, hat mich damals gewiß in Aufregung versetzt.

Von dieser Aufregung, mit der ich das Dorf als geographisches Zentrum des Landes entdeckte, verspüre ich heute nichts mehr. Nur die Verwunderung ist geblieben, daß ich dazu einmal allen Anlaß hatte. Inzwischen mißtraue ich auch der Genauigkeit meiner damaligen Berechnungen. Nachgeprüft habe ich sie bis heute nicht, obwohl ich den Atlas mit der Karte noch besitze. Er wurde uns von der Schule überlassen, da alle Atlanten durch neue ersetzt wurden. Mehr als fünfzehn Jahre nach dem Krieg war es wohl nicht länger zu verantworten, mit Karten zu arbeiten, die so aussahen, als hätte es den Krieg nicht gegeben, als wären die Grenzen noch die alten und so leicht zu übertreten wie für das Auge gestrichelte Linien.

2

Die Genauigkeit meiner Berechnung von »28/14« und »13/6½« habe ich nicht überprüft, weil ich nicht nachträglich meine kindliche Wahrnehmung korrigieren möchte. Ich habe auch über das Dorf keine aufwendigen oder wissenschaftlichen Recherchen und Nachforschungen angestellt, um über es schreiben zu können, und ich bin sogar, als sich vor einer Woche unerwartet die Gelegenheit dazu ergab, sehr gern aus Deutschland fort hier ins südliche Ausland in das Ferienhaus eines Freundes gefahren, um über das nun mehr als tausend Kilometer entfernte Dorf zu schreiben. Merkwürdigerweise scheint es mir durch die Entfernung noch näher gerückt zu sein, dieses Dorf, das es so, wie es war und wie es ist, nur in Deutschland geben kann.

Als ich das Land verließ, verebbte dort gerade die Welle der Erinnerungen, Dokumentationen, Fernsehberichte und Zeitungsartikel über den fünfzigsten Jahrestag der Machtergreifung Hitlers und über die Schlacht bei Stalingrad vor vierzig Jahren. Ich hatte, als ich die Archivbilder von 1933 sah: Deutschland im Wahn, die zig-tausend Köpfe, beleuchtet von den hochgehaltenen Fackeln, die Fratze Hitlers im Scheinwerferlicht, die Gesichter der Greise, die vor ihm das Land regierten, und immer wieder die wie Gewehrläufe gestreckten Arme – ich hatte, als ich das sah, den Wunsch gehabt, sofort über das Dorf zu schreiben, meine Angst und Wut in Worten loszuwerden, einfach so, wie sie mir kamen: aus der Gegenwart, aus der Vergangenheit, aus den Gedanken und den Gegenständen. Ich wollte die Erfahrungen aus meiner eigenen Geschichte, die erst nach dem Krieg begann, mit der Wucht und Gegenwärtigkeit dieser ihr unmittelbar vorausgehenden Zeit und ihren Bildern und Dokumenten konfrontieren. Nach einigen Versuchen wurde mir der Kopf schwer, ich fand nicht die richtigen Worte, nicht den meiner Wut angemessenen Ausdruck. Da ahnte ich, daß meine Gefühle schon viel zu vermittelt waren, als daß sie sich nur eben so darstellen und aufschreiben ließen. Ich spürte, daß ich mich gegen etwas aufbäumte, was längst

Geschichte war, und daß es lächerlich wäre, darauf so zu reagieren, als wäre sie gerade eben erst geschehen und durch Worte oder Darstellungen zu bewältigen, zu beschwichtigen und besser zu verarbeiten. Ich sah, wie sehr die in schönen Farben und perfekten Kameraeinstellungen gemachten Fernsehfilme über ein jüdisches Schicksal alles nur verharmlosten und es dadurch anderen Schicksalen, x-beliebigen aus einer x-beliebigen Zeit, gleichstellten. Plötzlich glichen die Originalaufnahmen von Stalingrad Bildern aus Kriegsfilmen, die in Studios hergestellt waren. Und daß sie nicht farbig waren, akzeptierte ich als einen Trick des Regisseurs, dokumentarische Echtheit vorzutäuschen. Ich sah ehemalige Offiziere, die mit einstudiert wirkender Sachlichkeit von diesen Kriegsmonaten berichteten, Zahlen von Gefallenen kamen nüchtern wie Lottogewinne über die Lippen, mit fachmännischem Eifer wurden Schlachtpläne nachkonstruiert, nachträglich Fehler diskutiert und Überlegungen angestellt, was passiert wäre, wenn Hitler im entscheidenden Moment auf seine Generale gehört und die Kommandos gegeben hätte, die nötig gewesen wären, um zu... Ja, sag es nur, hatte ich gedacht, sag es nur: um den Krieg zu gewinnen.

So saß ich in meinem Zimmer, erschrocken die Aufbereitung der Zeitgeschichte verfolgend, und mußte dabei an meinen Plan denken, über das Dorf zu schreiben, denn dieses Dorf ist ein Produkt des Krieges. Dort waren all diejenigen hingekommen, die den Krieg verloren hatten. Es war, von dieser Seite aus betrachtet, von Anfang an ein Ort des Unglücks.

3

Jetzt bin ich froh, aus Deutschland fort zu sein, denn ich hätte dort meinen Plan nicht verwirklichen können. Zu sehr stehen wir Deutsche im Sog unserer Vergangenheit, als daß wir uns in der Gegenwart frei, unbeschwert und spielerisch bewegen könnten. Ganz gleich, was wir tun, ob wir der Geschichte romantische Bilder abgewinnen oder ob wir uns durch Selbstverachtung bestrafen, ob wir uns an die Ideale und Idole anderer Länder anpassen – gleich werden uns die Bilder zu Kitsch, die Geschichte zu Geschichten, die Verachtung zum Selbstmitleid, die Anpassung zur Selbstbestätigung und alles, was dagegen revoltiert, wird schnell im Keim erstickt. »Ich kann kein Volk mir denken, das zerrissener wäre, wie die Deutschen. Handwerker siehst du, aber keine Menschen, Denker, aber keine Menschen, Priester, aber keine Menschen, Herren und Knechte, Jungen und gesetzte Leute, aber keine Menschen – ist das nicht, wie ein Schlachtfeld, wo Hände und Arme und alle Glieder zerstückelt untereinander liegen, indessen das vergoßne Lebensblut im Sande zerrinnt?« – »Der Tod ist ein Meister aus Deutschland«: wie in einer Metzgerei krümmten sich die Eisenhaken aus der Betonwand in einem Keller in Buchenwald, in den die toten und halbtoten, die erschossenen und angeschossenen Leiber über eine Rutsche aus dem oberen Raum nach unten befördert wurden: »He! Stell dich da an die Meßlatte, steh grade, wir wollen sehen, wie groß ein Judenschwein werden kann!« Ein kurzer dumpfer Knall ertönte, und der durch ein Loch in der Wand und in der Meßlatte ins Genick Getroffene sackte zusammen, als letztes Bild vor Augen ein machterfülltes, zynisches deutsches Gesicht. Sackte zusammen und wurde über eine Rutsche aus Zinkblech in den Keller befördert, schon fast wie am Fließband, und unten noch einmal aufgerichtet,

bekam einen Strick um den Hals und wurde an einem der Haken aufgehängt, um ganz sicherzugehen, daß zwischen Leib und Kopf keine Verbindung mehr ist.
Fünfzehn Jahre war ich alt, als ich die Ruinen dieser Todesmaschinerie zum ersten Mal sah und im Vorraum des kleinen Museums die großen Schwarzweiß-Portraits der in gutbezahlten Stellungen noch immer lebenden Mörder, und ich war einundzwanzig, als ich Hölderlins Hyperion las, einen Nachmittag und eine Nacht lang, und fünfundzwanzig, als ich mir einen Gedichtband Paul Celans kaufte, in dem die »Todesfuge« stand. Mit zweiunddreißig zog ich in ein Haus in einem Vorort, wo seit ihrer Kindheit die Kleinbürger der Stadt wohnen, die nun als Rentner ihre winzigen Gärten und Blumenrabatten pflegen und giftige Blicke auf mich warfen, als ich dort auftauchte. Einer der Nachbarn schien sich einen Spaß daraus zu machen, im Morgengrauen seinen immer blankgeputzten Kleinwagen aus der Garage zu holen, ihn auf die Straße zu fahren, den Motor auf volle Touren zu stellen, um ihn warmlaufen zu lassen. Dann ging er zurück zur Garage, schloß das Tor, sprach mit seiner Frau und kehrte erst nach einigen Minuten zu seinem Wagen zurück, stellte den Motor ab und ging ins Haus, um, wie ich annehme, zu frühstücken. Als ich ihn eines Morgens, wieder geweckt vom aufheulenden Motor, darauf ansprach und ihn bat, den Motor doch abzustellen, schleuderte er mir einen Batzen dreckiger, beleidigender Wörter ins Gesicht, stieg in sein Auto und fuhr davon. Ich stand am Gartenzaun, maßlos erstaunt, die Worte der Erwiderung waren mir im Hals steckengeblieben.
Maßloses Erstaunen war es immer, womit ich auf solche Begegnungen mit Deutschen reagierte. Als ich einmal mit dem Fahrrad, mit einem Fuß auf dem Pedal stehend, mit dem anderen mich wie auf einem Roller langsam vorwärts stoßend, über einen Zebrastreifen halb fuhr, halb

ging, kam mir ein älterer Mann entgegen, an kurzer Leine einen großen Hund haltend, und mit dem Ende des Lederriemens zog er mir, als wir auf gleicher Höhe waren, eins über die Schulter, dabei das Wort »absteigen« zischend. Noch ehe ich mir des Schlages bewußt wurde, war jeder von uns schon an der jeweils anderen Seite der Straße angelangt, über die, nach dem Umschalten der Ampeln, dröhnend dichter Verkehr rollte, in den hinein ich mein Erschrecken und meine Wut brüllte, während mir der Mann den Rücken zukehrte, davonging, wie jemand, der seine Arbeit getan hat. Die alltägliche Arbeit und eine alltägliche Begegnung.

4

Seitdem eine Schweizer Familie, die hier im Haus ein paar Tage Ferien gemacht hatte, gestern wieder weggefahren ist, bin ich allein. Das Gekreisch ihrer beiden Kleinkinder ist plötzlich verstummt. Es hat mich nicht gestört, aber es fehlt mir auch nicht. Das Zimmer, in dem ich sitze und schreibe, ist hoch. Selbst unscheinbare Geräusche haben ein Echo. In einigen Deckenbalken bohren Holzwürmer, und es hört sich so an, als würden ständig Korkenzieher in trockene Korken gedreht.

Auf einer Bank, die ich neben den Tisch am Fenster gerückt habe, liegt das Material, das ich über das Dorf gesammelt habe. Es besteht aus vergilbten Zeitungsartikeln, aus der Fotokopie der Dorfchronik, aus Aufzeichnungen des Dorfschullehrers, aus Fotos und aus einem schwarzen Wachstuchheft, in das ich mir Notizen machte, als ich das letzte Mal das Dorf besucht hatte. Das war Mitte November des vergangenen Jahres, und es war das erste Mal, daß ich wie mit einem Auftrag versehen dort ankam. Sonst hatte ich immer nur meine Eltern besucht und nie in dem eigentlichen Sinn: das Dorf selbst. Meiner Mutter, die nach dem Tod meines Vaters weiterhin dort wohnt, hatte ich gesagt, daß ich fünf oder sechs Tage bleiben würde, um mir noch einmal im Dorf alles genau anzusehen und um einige der Bewohner, die von Anfang an da waren und das Dorf mitgegründet hatten, zu befragen. (Viele aus dieser Generation sind schon gestorben, unter ihnen auch mein Vater, den ich bereits Jahre zuvor gebeten hatte, aufzuschreiben, was er in Erinnerung behalten hatte. Unter den Dingen, die er zurückgelassen hat, fand sich tatsächlich auch ein Schulheft mit dem Namen des Dorfes als Aufschrift. Allerdings sind darin nur zweieinhalb Seiten beschrieben mit Angaben über das Dorf, die auch die Chronik enthält.)

Wonach genau ich die Dorfbewohner fragen wollte, wußte ich nicht, aber ich hatte im stillen die Hoffnung, sie würden mir viele kleine Geschichten erzählen, mit denen ich meine Beschreibung würde ausschmücken können. Ich hatte mir vorgenommen, einfach zu ihnen in die Wohnungen zu gehen und zu sagen: Hier bin ich. Ich möchte etwas über das Dorf schreiben. Nun erzählt einmal. – Ich hatte mir auch überlegt, ein Tonband mitzunehmen, eins von denen, die nicht größer als ein Taschenbuch sind, verwarf aber den Gedanken, weil ich annahm, die Leute im Dorf damit mißtrauisch und befangen zu machen. Außerdem hatte ich eben die Erwartung, hauptsächlich kleine Geschichten zu hören, die ich gut im Gedächtnis behalten und mit meinen eigenen Vorstellungen und Erinnerungen vermischt darstellen könnte. Daher nahm ich nichts mit, nicht einmal einen Fotoapparat, sondern nur das schwarze Wachstuchheft, um Stichwörter, Namen und Zeitangaben festzuhalten.

Mitte November also, an einem Montag, stieg ich gegen Mittag in H. in den Zug, der zweieinhalb Stunden später in jener Stadt hielt, von der das Dorf ungefähr zehn Kilometer in östlicher Richtung entfernt liegt. Als der Zug in den kleinen Bahnhof einfuhr, stäubte mir beim Aussteigen ein kalter feiner Nieselregen ins Gesicht. Der Bahnsteig war leer bis auf einen Soldaten und zwei Bauersfrauen, die mit mir den Zug verlassen hatten. Durch die wenigen Gestalten schien das Bahngelände noch öder, als es im grauen Licht des Winterhimmels ohnehin schon wirkte.

5

Ich weiß nicht, wie oft ich in dieser Stimmung dort auf dem Bahnhof ausgestiegen bin: mit einem Kloß im Hals, einem flauen Gefühl im Magen, mit müden Augen, die nicht sehen wollten, was sie vorausahnten. Treppenstufen hinab in eine enge, nasse Unterführung, Treppenstufen hinauf zum Bahnhofsgebäude, hinter mir das Echo eiliger Schritte, vor mir, in Augenhöhe, die sich Stufe um Stufe höher schiebenden Hacken der Militärschuhe, darüber die grauen Wollstrümpfe des Soldaten, die Dreckspritzer am Aufschlag seiner dunklen Hose. In der Bahnhofshalle rechts, gleich hinter dem Eingang, das Telefonhäuschen, ein verschmierter brauner Holzkasten, eine Folterkammer, in die ich früher immer hineingegangen war, um anzurufen: ich sei da, ich könne abgeholt werden. In den Manteltaschen nach zwei Groschen suchen, dann die vierstellige Nummer wählen, nur vier Zahlen, und doch ist es mir oft passiert, daß ich noch während des Wählens merkte, wie ich die Reihenfolge der Zahlen durcheinanderwarf oder nur riet, weshalb ich manchmal, ungeduldig geworden, auf gut Glück weiterwählte und irgendwo im Dorf landete, den Namen eines Nachbarn oder von jemandem »zwei Straßen weiter« hörte, verwirrt ein »Falsch verbunden« sagte und auflegte, um schließlich wie ein Fremder im

Telefonbuch die richtige Nummer zu suchen. Hatte ich noch Zeit, bis ich abgeholt wurde, trank ich in der Bahnhofsgaststätte ein Bier, oder ich ging bei schönem Wetter hinaus auf den Vorplatz und setzte mich auf eine Bank an der Straße. Einmal, an einem Sonntag im Sommer, war die Straße wie ausgestorben, und um mich herum war es so still, daß ich in meinem Rücken das metallische Knacksen der Zeiger der Bahnhofsuhr hören konnte, als sich mir vom unteren Teil der Straße ein Zug von Männern näherte. Im Gänsemarsch ging einer hinter dem anderen. Sie trugen wie im Fasching bunte und nicht zueinander passende Kleider, breite Schirmmützen, Lederhosen, Bergschuhe, Paare ungleicher Socken, blauweiß gestreifte Hosenträger, rotkarierte Hemden. Es waren Männer aus der Heilanstalt oben auf dem Berg: zusammengepreßte, längliche, breite, bleiche bläuliche und rot angelaufene Gesichter mit abstehenden Ohren, schiefen Nasen, Schlitzaugen, wulstigen Hälsen, übergroßem Kinn, dicklippigem feuchtem Mund. Vor ihnen her tanzten ihre Schatten, an mir vorüber die Steigung hinauf zur Brücke über die Bahngleise, und der letzte von ihnen sagte immer wieder, solange ich ihn hören konnte: »Eine Karo Dame ist kein Bubenherz... Eine Karo Dame ist kein Bubenherz...« Ich hatte ihnen nachgesehen, bis mein Vater kam und aus dem Auto stieg. Wir umarmten uns, verstauten das Gepäck und fuhren nach Hause, ins Dorf.

6

Der kalte, staubfeine Novembernieselregen legte sich auf meine Haare, auf Gesicht, Hände, Mantel und Tasche wie eine Tauschicht. Ich stand eine Weile auf der Treppe zum Bahnhofsvorplatz und wußte nicht, was ich tun sollte. Insgeheim hoffte ich, daß hinter mir jemand aus der Tür treten, mich wiedererkennen und mitnehmen würde ins Dorf. Aber nicht einmal ein Taxi war zu sehen, nur ein Bus mit laufendem Motor. Ich stieg dort ein, und der Fahrer sagte mir, daß er in der nächsten Stadt Richtung Kassel abbiegen würde. Ich fragte nach, wo ich an der für mich günstigsten Stelle aussteigen mußte, und setzte mich auf einen der vorderen Plätze.

Der Bus war halbgefüllt mit Schulkindern. Einige von ihnen, in der Sitzreihe mir gegenüber, verglichen Zahlen und Skizzen von geometrischen Formen. Sie redeten über eine Mathearbeit, die sie gerade geschrieben hatten, rätselten um die Noten und waren so bei der Sache, daß sie nicht auf mich achteten. Ich beobachtete sie und fühlte plötzlich die Gegenwart meiner eigenen Schulzeit. Nicht der Vorgang des Erinnerns setzte mich in eine vergangene Zeit zurück, sondern diese wiederholte sich vor meinen Augen in den Gesprächen und Bewegungen der Schüler mir gegenüber. Ich hätte in diesem Moment einer von ihnen sein können. Da fiel mir ein, daß ich eine ähnliche Distanzlosigkeit oft auch verspürte, wenn ich nach langer Abwesenheit im Dorf herumging, selbstverständlich, mitten in der Zeit, wie ein Kind auf dem Weg zu seinem Spielgefährten.

Der Bus war inzwischen abgefahren. Auf den Seiten eines aufgeschlagenen Ringbuches der Schüler waren Dreiecke und Parallelen, Schnittpunkte und Zahlen mit Filzstiften aufgemalt: grelle, fluoreszierende, leuchtende Linien und Striche in Rot, Gelb, Violett und Grün. Ich sah von den Zeichnungen weg auf die Gesichter zweier Mädchen und auf ihre blonden, stufig geschnittenen Haare, auf denen sich wie bunte Lichtflecke die Filzstiftfarben in nebeneinander liegenden Strähnen wiederholten, nur ein Blau war hinzugekommen und ein helleres Rot, wie in einem Regenbogen.

Ich sah nach vorn. Über die riesige Fläche der Frontscheibe schabten die langen Blätter des Scheibenwischers parallel zueinander und gleichmäßig wie bei einem Ballett. Der Regen war stärker geworden. Wir hatten die nächste Kleinstadt erreicht, ich erkannte einige an der Straße stehende Fachwerkhäuser wieder, der Bus hielt, fuhr an, ich stellte mich mit meiner Tasche in die Mitte des Ganges, bückte mich und sah durch die verschmutzten Scheiben der Seitentür hinaus. Wo ich hätte aussteigen sollen, wo der Bus die Straße in Richtung des Dorfes kreuzte, fuhr er vorüber und hielt erst am Ausgang der Stadt. Dort stand ich dann an der Straße, fühlte mich wie ausgesetzt und schätzte die Länge des Weges zurück bis zur Kreuzung ab. Dann erinnerte ich mich an eine Abkürzung, über die ich schneller auf die B 454 gelangen konnte, wo ich hin mußte, um zum Dorf zu kommen.

7

Die Bezeichnung »B 454« habe ich dem ersten Satz im Oktavheft meines Vaters entnommen. Daß die Straße, an der das Dorf liegt, diese Nummer trägt, ist mir nie bewußt gewesen. Für mich war es immer »die Straße nach Ziegenhain« oder die »Straße nach Neukirchen«. Bald jeden Tag bin ich auf ihr gefahren, mit dem Bus, mit dem Fahrrad, später mit einem Moped, oder ich ging zu Fuß. Ich kenne ihre Kurven, ihre Steigungen, ihre Gräben, ihre Bäume. Ich sehe sie vor Augen mit der häufig geflickten Teerdecke, ich sehe die Schrammen an den Bäumen, die abgestoßene Rinde einen halben Meter über dem Boden des Seitenstreifens, dessen Erde mit Asphaltsplit versetzt und von dünnen Graswurzeln durchzogen ist. Ich sehe den umgekippten Lastwagen, das eingedrückte Führerhaus, das zerstörte Puzzle der Glassplitter auf der eisglatten Straße. Ich sehe die schwarzbraune, stachlige Haut des

Igels und seine aus dem weichen Bauchfell herausgequollenen Gedärme im geronnenen Blut. Ich sehe hellgraue Streifen in dem von Kettenfahrzeugen aufgeschabten Asphalt, ich drücke den Daumen auf die lederne Haut des in der Sonne warm gewordenen Teers, ich sehe die Linien des Fingerabdrucks. Ich höre knorrige alte Äste der vom Wind geschüttelten Eschenbäume auf die Straße brechen, aufschlagen, zerbersten, ich höre einen dumpfen, weichen und doch mächtigen Schlag, renne hinaus in den Garten, sehe über die Hecke, sehe das dunkelgrüne Auto auf der Straße stehen, davor wie eine aufgeblasene, angekleidete Puppe eine Frau in der schwarz-weißen Tracht der Schwalm auf dem Rücken liegen, Beine und Arme von sich gestreckt, wie um im Schnee einen Engel zu machen, ich sehe den Fahrer des Wagens kreidebleich und das Gesicht der Frau totenblaß, ich höre das Winseln unseres Hundes, quietschende Reifen, ein in den Graben geschleudertes Bündel jaulenden Fells, ich kniee in der Mittagshitze am Straßenrand, den Kopf ganz nah am Boden, und schaue dicht über die flimmernde Teerdecke hinweg, um zu spüren, wie weh es tut, wenn die vorbeifahrenden Wagen mit ihren prallen, singenden Reifen über meine Blicke rollen und sie plattdrücken, zerquetschen, ich stehe in der feuchten Morgendämmerung des Herbstes an der Haltestelle, auf den Schulbus wartend, der nicht kommt und nicht kommt, niemand kommt, nichts regt sich auf der langen geraden Dorfstraße, in die ich hineinblicken kann wie in einen Engpaß, kein Fahrzeug fährt auf der Landstraße, und ich stehe und warte, bis der von mir verpaßte Schulbus von seiner Fahrt zurückkehrt, nahe der Dorfeinfahrt in einen Seitenweg abbiegt und vor den Garagen stehenbleibt. Der Fahrer steigt aus und winkt mir zu, als wollte er mich durch dieses Zeichen aus meinem Zustand des Wartens befreien, denn nun folge ich zu Fuß der Landstraße in Richtung N., um doch noch zur Schule zu kommen. Und wieder formt sich vor meinen Augen der Verlauf dieser Straße von Z. nach N., an deren nördlichem Rand sich das Dorf über einen halben Kilometer weit hinzieht, vor meinen Augen, mit denen ich gleichzeitig aus dem Fenster dieses Zimmers auf die in eine Senke abfallenden Hügel der südlichen Landschaft sehe, in der die Schüsse aus den Schrotflinten der Jäger allmählich verstummen, da es auf den Abend zugeht.

8

Nach Sonnenuntergang ziehe ich die Vorhänge vors Fenster, weil ich sonst in der sich verdunkelnden Scheibe auf das Spiegelbild meines von der Tischlampe beschienenen Gesichts starre und mir in den Schreibpausen die sofort eintretende Stille um mich herum zu Bewußtsein kommt. Dann muß ich mich zwingen weiterzuschreiben und an meinen Vorstellungen festzuhalten. So ging es mir, als ich die Straße, die B 454, vor Augen hatte und darzustellen versuchte und immer noch ein weiteres Detail zu ihrer Beschreibung hinzufügte. Dabei hatte ich völlig vergessen, daß es diese Straße, wie ich sie erinnerte, längst nicht mehr gibt. Vor Jahren schon wurde parallel zu ihr eine neue Straße gebaut, die nur ganz wenige Teilstücke der alten in sich aufgenommen hat und wie eine langgezogene, alle Höhen und Tiefen durch Erdaufschüttungen und -abtragungen auf ein Niveau bringende Planke am Rand der Talsenke liegt. Um sie herum windet sich die alte B 454 wie ein zerstückelter Regenwurm. Von Ziegenhain kommend, kann man sie noch wie einen Nebenweg benutzen und muß das sogar tun, wenn man ins Dorf will. Denn die neue Straße schießt an dessen Rand in einem Abstand von fünfzig bis hundert Metern vorbei. Jetzt gibt es nur noch jeweils an den nordöstlichen und südwestlichen Ausläufern des Ortes Abfahrten, während früher die Hauptstraße des Dorfes direkt auf die B 454 traf und an dieser Stelle einen »Verkehrsknotenpunkt« bildete. Hier mußte man langsamer fahren, hier fand ein Ortsfremder plötzlich einen ihn verwundernden Einblick in ein merkwürdiges Dorf. Heute fährt er auf der neuen begradigten Straße mit hoher Geschwindigkeit daran vorbei. Das Dorf ist abgerückt von der Straße, die Zufahrten liegen an seinen Rändern, die ehemalige B 454 ist ein Weg für Fußgänger und Radfahrer geworden. Passiert in Höhe des Dorfes auf der Schnellstraße ein Unglück, kann niemand mehr aus dem Haus stürzen und durch den Garten eilen, um rasch Erste Hilfe zu leisten, denn das Unglück ereignet sich weit entfernt, hinter brachliegenden oder abgeernteten Feldern, zum Beispiel in der Nähe des Zebrastreifens, über den die Schulkinder ins Nachbardorf gehen, dort an der mit Ampeln versehenen Kreuzung, wo im letzten Sommer ein junger Mann aus Neukirchen mitten in der Nacht mit seinem Auto auf die Breitseite eines Busses prallte, der nicht schnell genug die Straße überqueren konnte. Der Wagen explodierte, der junge Mann verbrannte, und von den am Dorfrand gelegenen Häusern sahen einige Bewohner, die vom Lärm aufgeschreckt ans Fenster gelaufen waren, in der Entfernung ein Feuer brennen, mitten auf der Straße, die nicht mehr zum Dorf gehört.

9

Ich hatte damals, nachdem mich der Bus am Stadtrand von Ziegenhain abgesetzt hatte, eine Abkürzung genommen und war entlang eingezäunter Wiesen zur neuen B 454 gelangt. Ich hatte mich an den Straßenrand gestellt und versucht, ein Auto anzuhalten, das mich die restlichen drei

Kilometer zum Dorf mitnahm. Früher gab es nie Probleme damit. Die Fahrer fürchteten die schlecht ausgebauten Kurven der alten Landstraße, fuhren langsam, erkannten in mir einen Einheimischen, hielten an. Jetzt drückten sie, aus der Geschwindigkeitsbegrenzung der Stadt kommend, aufs Gas, sahen durch die regennassen Scheiben einen Fremden im hellen Mantel mit einer braunen Ledertasche zu seinen Füßen stehen und winken, fuhren vorbei mit scheuen Blicken zur Seite, einen von den Rädern aufgewühlten Gischtstreifen hinter sich herziehend. Meine Hände waren eiskalt, Schuhe und Mantel durchnäßt, aber es dauerte eine Weile, bis ich einsah, daß nur ich einige derer, die hinter den Lenkrädern saßen, als Einwohner des Dorfes wiedererkannte, nicht aber umgekehrt, weshalb ich die Fahrer durch mein dann heftiges, hoffnungsvolles Winken noch mehr erschreckte und zur Beschleunigung ihrer Fahrt antrieb.
Ich mußte schließlich zu Fuß gehen, folgte erst ein Stück weit der neuen Straße und wechselte, als sich die ehemalige Landstraße annäherte, über eine Böschung hinabspringend auf diese tiefer gelegene über. Nun rauschten in Höhe meines Kopfes die Autos vorbei. Ich sah auf den vor mir liegenden Weg, sah in den grauen Novemberhimmel, der sich jenseits der Schwalmwiesen in einem schlammigen Horizont aufzulösen schien. Plötzlich fühlte ich mich müde, die Henkel der Tasche schnitten in meine Hand, mit jedem Schritt wurde mir die Tasche schwerer, als füllte sie sich mit dem unablässig herabfallenden Regen. Meine Bewegungen wurden langsamer aber auch gleichmäßiger, und bald kam es mir so vor, als ginge nicht ich auf das Dorf zu, sondern als rückte es mir näher, als kröchen die an seinem westlichen Rand im vergangenen Jahrzehnt errichteten Einfamilienhäuser, wie sie überall in Deutschland auf dem Land die Peripherie der Dörfer bilden, über den Hügel mir entgegen.

Ich erinnere mich, daran gedacht zu haben, daß die Dörfer von ihren mit Neubauten verstellten Rändern sich immer mehr ähneln, Dörfer im Süden wie im Norden oder Westen, ein Land, aufgeteilt in unzählige Parzellen überdachten Eigentums, ein deutsches Fieber, ein sich rasch ausbreitender Infekt. Ich erinnere mich daran, während es hier in meinem Zimmer auf Mitternacht zugeht. Ich habe das Fenster geöffnet, lasse frische Luft herein, und sehe, wie draußen der helle Mond scharfkantig den Schatten des Hauses auf die davorstehenden Olivenbäume wirft und auf das mit Rauhreif überdeckte Gras. Über diesem Anblick vergesse ich den Regen, durch den ich, auf das Dorf zuhaltend, lief. Ich vergesse das Ortsschild, an dem ich haltmachte, um aufzuatmen, ich vergesse den Blick zurück auf die einen Buckel machende Straße, die ich gekommen war, rechts und links die starken Eschenbäume, an manchen noch Plakate, halbzerfetzt vom Wind und ausgebleicht, Plakate von den Kirmes-Festen des vergangenen Herbsts, Plakate von Motorradrennen, ich vergesse, wie meine Schritte schneller wurden, als ich beim alten Ortseingang hinter dem Neubauviertel den Bürgersteig der Ziegenhainer Straße betrat, nun wirklich im Dorf war, in diesem Dorf der Gefangenschaft, des Krieges, der Baracken, meiner Kindheit. Langsamer ging ich nun wieder an der leerstehenden Holzbaracke des Drechslers entlang die Königsberger Straße hinauf, dem Haus entgegen, das meine Eltern fünf Jahre nach der Gründung der Gemeinde gebaut hatten, ein Haus wie die anderen aus dieser Nachkriegszeit, gebaut mit Zuschüssen, Quadratmetervorgaben, mit einem Sandsteinsockel, einem rauhen Verputz, mit Hohlblocksteinen, mit Linoleumböden, mit einem Emailleschild »Nr. 7«, mit einem geschmiedeten Treppengeländer, zwei Klingelschildern, mit einer von zwei schmalen geriffelten Glasfenstern unterbrochenen Holztür, in deren Schloß sich dann ein Schlüssel drehte, die mich einließ und den kalten Nieselregen aussperrte, der sich wie leichte Tuchbahnen über Rasen, Hecke und Straße legte.

10

»Jetzt kommst du endlich... Warum nicht früher?... Du bist ja ganz durchnäßt... Gab es denn kein Taxi?... Nein, der Bus fährt nur noch ein paar Mal pro Tag, einer so früh, daß es noch Nacht ist, und einer so spät, daß man nicht weiß, wie man zurückkommen soll. Wer hier kein Auto hat... Ja, es regnet schon seit heute morgen so, es will nicht aufhören... froh sein, obwohl es Winter ist... noch nicht so kalt. Gestern kam das Öl... Bei euch in der Stadt ist es viel billiger geworden, sagst du? Hier kostet es genausoviel wie im vergangenen Jahr. Warte mal, was habe ich bezahlt?... Ja, die Baracke steht jetzt ganz leer, seitdem der Drechsler tot ist. Und übrigens, weißt du, wer auch noch gestorben ist?... Der... und der junge Mann... ach, das habe ich dir schon am Telefon gesagt? Ist das nicht furchtbar, mitten in den Bus?... Die... haben es gesehen, sind aufgewacht in der Nacht von dem Knall und dachten, daß wer weiß was los ist, und sehen oben auf der Straße, wie es brennt... Nun setz dich erst mal, trink einen Schnaps zum Aufwärmen und dann erzähle...«

11

Wie es mir geht? – Wie den anderen auch. Manchmal schlafe ich unruhig und nehme, wenn es sein muß, eine Beruhigungstablette. Es geht mir nur darum zu wissen, daß das Schreckliche, das Entsetzliche, das gestern hier oder dort auf der Erde passiert ist, nicht mich betrifft, mir fern bleibt oder sich nur ganz langsam annähert, daß die Gefahr, die Katastrophe erst eintritt, wenn ich schon nicht mehr bin. Also nichts Ernstes. Also nichts. Abschalten können. Müde beginnt der Vormittag. Später melden sich Sorgen. Die Zukunft ist ungewiß. Krankheiten grassieren. »Dauernd wird mir bewußt gemacht, daß ich krank sein könnte, todkrank. Warum?« Am Abend ein Telefongespräch: »Daß es dich noch gibt? Wo bist du jetzt? Willst du nicht vorbeikommen?« Aber niemand kommt. Die Nacht beginnt. »Am Ufer des folgenden Tages lag das Strandgut der Träume.« Es ist der Tag des Glücksspiels. Im Trichter des Sportpalasts sammeln sich Hunderttausende. Der Kriminalkommissar steht auf dem Balkon seiner Eigentumswohnung und sieht zu, wie Ameisen den leblosen Körper einer Wespe abtransportieren; da kommt ihm eine Idee... Das Licht geht aus. Wie eine Austernschale umschließt die Bettdecke den schlafenden Deutschen. Am Samstag werden seine Augen glasig vom Bier. Die Städte sind wie ausgestorben. Ein Natomanöver zerstört Feldraine, Waldwege und die befestigten Seitenstreifen der Bundesstraßen. Das Manöver heißt: Blaue Wolke. Zwei Tage später finde ich in einer Illustrierten ein Foto vom Bundeskanzler. Er sitzt in einem Panzer, einen zu klein geratenen Helm schief auf dem Kopf und lächelt in die Kamera. Ein Bruder des Anwalts liegt im Kreiskrankenhaus, zwei Schläuche enden in seiner Nase; er hat überlebt. Kletternde Preise. Bäume faulen. In den Bildern junger Künstler überwiegt die Farbe Rot. »Meine Frau war am Wochenende im Ruhrgebiet. Sie sagt, es stinkt dort nicht mehr so wie früher. Doch die vielen herumlungernden Jugendlichen, es sei ein Jammer, das zu sehen.« In den Kontoauszügen ordnen sich die Zahlen wie von selbst, und der Computer spielt Schach mit einem Arzt, der eine Aufstellung macht über Frühgeburten in Abhängigkeit von... Seitdem niemand mehr kommt, niemand mehr geht, liegen die Steine im Kiesweg wie sortiert, ein jeder auf seinem Fleck. Und das am häufigsten benutzte Wort ist wieder das Wort: Krieg. Was mag es bedeuten? Morgen jedenfalls werde ich für einen Tag das Zimmer verlassen müssen, um mir Vorräte für die nächste Woche zu besorgen. Seitdem die Schweizer Familie weg ist, bin ich auf mich allein gestellt, ein seltener Zustand. Aber es geht mir gut. Herzlich Dein...

12

Seit mein Vater tot ist, ist meine Mutter auf die Leute im Dorf angewiesen. Eine Frau, älter noch als sie, wohnt im oberen Stockwerk des Hauses. Ich glaube, die beiden verstehen sich vor allem insofern, als die eine auf die Geräusche der anderen hört, um nicht ganz allein zu sein. Wie oft habe ich darum gebeten, wenn ich zu Hause war, daß die Türen am Morgen nicht so geschlagen werden – ohne Erfolg. Es gehört einfach dazu: das Türenschlagen zur Schweigsamkeit. Es gehört zum Haus wie zum Dorf. Manchmal bin ich durch seine Straßen gegangen und hatte den Eindruck: nirgends wird geredet, so stumm sind die Straßen, oft auch am Werktag, am Vormittag, die ganze Woche über. Stumm das ganze Dorf und doch beredt. Ich kam dorthin an einem regnerischen Novembernachmittag, kam aus einer Stadt mit einer Jahrhunderte alten Tradition, Dichter, Maler, Historiker stellten sie dar, und das weltberühmte Schloß wird im Sommer wie im Winter von hunderttausenden Touristen besucht, die mit dieser Ruine, mit der Altstadt und mit der Universität das historische Deutschland identifizieren: von dort kam ich in ein abgelegenes, völlig unbedeutendes Dorf und hatte doch das Gefühl, erst hier wirklich in Deutschland zu sein, in seiner widersprüchlichen, verdrängten, belastenden Geschichte, die keinen in Ruhe läßt und nicht zu beschönigen ist.

So ging ich noch am selben Nachmittag trotz des Regens, trotz des grauen schlierigen Himmels zur Hauptstraße des Dorfes hinauf, spürte das in mir aufsteigende Gefühl der Beklemmung und versuchte es abzuwehren und mich davon zu befreien, indem ich mir sagte, ich sei gewissermaßen mit einem Auftrag hier, der zu erfüllen sei, jenseits aller Gefühle. Ich stellte mich am Anfang der Dorfstraße in die Nähe der Bushaltestelle und schlug, ohne auf den Regen und die unverhohlen neugierigen Blicke einer Frau, die die Hauptstraße herunterkam, zu achten, mein schwarzes Wachstuchheft auf, als wollte ich gleich beginnen, mir Notizen zu machen darüber, was ich von meinem Standort aus vom Dorf sah und was sich (und wie auch ich es bislang getan habe) ein Dorf nennt, ein deutsches Dorf im Hessischen: Trutzhain.

NICHTS UND ETWAS

I

Am darauffolgenden Vormittag begann ich mit meinen Erkundungen. Ich besuchte den ehemaligen Besitzer einer Tischlerei, der nach der Aufgabe des Geschäfts eine Zeitlang jeden Tag nach Frankfurt pendeln mußte. Ich kannte ihn nur vom Sehen, vom Namen her. Mein Vater hatte viel mit ihm zu tun gehabt, als er für die Firma die Buchführung machte. Ich erinnere mich noch daran, wie das Haus gebaut wurde, in das ich gegen elf Uhr hineingebeten wurde. Es liegt im oberen Teil des Dorfes, dort wo die ursprünglich in einem Rondell endende, später um rund 80 Meter verlängerte Hauptstraße auf die Jahnstraße stößt, dort wo sich die Neubauten des Dorfes eine leichte Steigung hinaufziehen, dem Wald und den Feldern zu. Das eingeschossige Haus hat, wie ein Winkeleisen, zwei Schenkel, die so schmal scheinen, daß sich damals alle im Dorf fragten, wie eine ganze Familie darin wohnen könne. In seiner eigenwilligen Form stach es auch von all den Ende der Fünfzigerjahre errichteten Zweifamilienhäusern ab, es bedeutete damals einen gewissen Luxus, so eigennützig zu bauen.
Als ich das Haus betrat, war ich erstaunt, wie geräumig und wohnlich es wirkte. Ich wurde in dem an die Diele anschließenden Wohn- und Eßraum an einen Tisch gebeten, der ehemalige Tischlereibesitzer setzte sich an die Schmalseite, legte zwei Mappen vor sich hin und sagte, mit einem Zwinkern in den Augen, auch er sei schon tätig gewesen und habe einiges über das Dorf aufgeschrieben. Ich erfuhr, daß er der Vorsitzende des Kyffhäuserbundes sei, der sich in den letzten Jahren besonders um eine Verständigung mit den ehemaligen französischen Kriegsgefangenen gekümmert habe. Es sei eine Verständigung der Völker, eine europäische Sache. Er hielt, dem Gewicht seiner Worte nachhörend, seine Hände über den geschlos-

senen Mappen verschränkt. Seine Frau erschien in dem kurzen Flur, der vom Wohnzimmer aus zur Diele führte, grüßte und verschwand hinter einer Schiebetür seitlich des Ganges. Überall auf den Fensterbrettern standen Topfpflanzen.

Der Mann sprach jetzt über die Anfangszeit des Dorfes, über die Zeit nach dem Krieg. Er sagte nicht, daß das Dorf aus dem Nichts entstanden ist, sondern jene, die hier ansässig geworden seien, hätten »aus dem Nichts etwas gemacht« (meine Eintragung im Wachstuchheft). Die Not, in der sich die Leute nach dem Krieg befunden hätten, habe sie verbunden. Den Krieg bezeichnete er ebenso wie die Zeit unmittelbar danach als »totale Katastrophe«. »Diejenigen, die hierher kamen«, sagte er, »hatten alles verloren. Können Sie sich das vorstellen? Alles, Hab und Gut und die Heimat. Aber die totale Katastrophe hat die Sehnsucht nach der Heimat überdeckt.«

Er lächelte mich nach diesen Worten an, wahrscheinlich weil er mir ansah, daß ich mir diese totale Katastrophe nicht vorstellen konnte, und ich weiß nicht, ob Katastrophen überhaupt vorstellbar sind. Sie liegen in einem Grenzbereich der Phantasie. Heute, gegen Mittag, habe ich an der Sendeskala des kleinen, hier im Zimmer herumstehenden Radios gedreht und dabei zufällig die »Deutsche Welle« gehört. An erster Stelle der Nachrichten stand der Bericht über eine Massenkarambolage auf einer deutschen Autobahn, Tote, Verletzte, ungeheurer Sachschaden, kein Nebel, kein Schnee, kein Glatteis, keine Erklärungen für das Unglück, eine Katastrophe. Sofort hatte ich Bilder vor Augen, mühelos sammelten sie sich an: zerquetschte Autos, Blut, mit bunten, vom Rücksitz genommenen Wolldecken zugedeckte Leichen, Polizeifahrzeuge, Krankenwagen, kreisendes Blaulicht. Hinter der Unfallstelle, die für die in die Katastrophe Verwickelten zu einer Stelle der schrecklichen Erinnerung werden wird, eine kilometerlange Schlange herankriechender Autos, beim Vorbeifahren sich reckende Hälse, lange saugende Blicke auf die verformten Fahrzeuge, das zersplitterte Glas, und plötzlich, in nächster Nähe, der ungeduldig und hastig zur Eile winkende Arm des Polizisten mit einer quarzgrün leuchtenden Kelle. Ich wußte, wie unecht meine Vorstellungen waren, zusammengeklaubt aus Filmen und Fotoberichten, gestellte Bilder, kalt und künstlich, Fakten. Eine Katastrophe, so dachte ich, beginnt erst jenseits der Tatsachen, im Erleben dessen, wovon man sich keine Vorstellungen machen kann.

Ich blickte an dem Mann vorbei auf einige bestickte Kissen, die ruhig und geordnet auf einer an der Wand angebrachten Holzbank lagen. Der derzeitige französische Staatspräsident, hörte ich den Mann sagen, sei auch hier im Lager als Gefangener gewesen, ob ich das wisse? Statt mit dem Kopf zu schütteln, nickte ich verlegen, um zu verbergen, daß mir in diesem Moment nicht einfiel, wer der Staatspräsident Frankreichs war, wie er hieß. 1969, fuhr der Mann fort, habe die Völkerverständigung hier im Dorf begonnen. Sie hätten hinter dem Sportplatz am Waldrand ein Festzelt aufgebaut, Erbseneintopf gekocht, und dann sei der Bus aus Frankreich gekommen. Aber wie erstaunt, ja deprimiert seien sie gewesen, als nicht mehr als ein paar Franzosen ausstiegen. »Nur eine Handvoll ehemaliger Lagerinsassen, verstehen Sie? Und wir hatten einen ganzen Bus voll erwartet. Na ja, was sollten wir machen. Nicht wahr, Traudel (seine Frau war wieder im Flur erschienen mit einer umgebundenen Schürze), das war eine Überraschung!« Jetzt lachte sie, bestätigte ihren Mann (»Wir mußten eben die Suppe selbst essen und holten die Leute aus dem Dorf dazu.«), und ihr rheinischer Dialekt, ihr fröhliches Lachen erinnerten mich an ihre Tochter, die ich einmal in einer Diskothek in der Kreisstadt gesehen hatte: sie trug einen Pulli, auf dem mit

Goldfarbe der riesige Kopf eines brüllenden Tigers aufgedruckt war. Ich hatte nicht gewußt, worauf ich sehen sollte, auf das Gesicht der jungen Frau oder auf die glühenden Augen des Tigers auf dem Pulli. Ein Jahr später, sagte der Mann neben mir, sei dann alles wie geplant verlaufen, der Bus war voll. Ich sah, seinem abschweifenden Blick folgend, zum Fenster linkerhand von mir. Auch dort grüne, rankende Topfpflanzen und eine halbhohe Tüllgardine, hinter der sich auf der Straße eine Gestalt bewegte, vorüberging, gebeugte Schultern, dunkle Kleidung, ein Wintermensch.

»Ja, und hier«, sagte der Mann, »das haben Sie bestimmt auch noch nicht gesehen.« Er legte mir ein Foto vor, etwa so groß wie mein Heft, von dem ich so überrascht war, daß ich mich für einige Augenblicke ganz allein im Zimmer fühlte. Deutlich war zu merken, daß es sich nicht um das Originalfoto handelte, sondern um die Ablichtung eines Positivs, weshalb es so wirkte, als wäre die vor mir liegende Aufnahme einer Alltagssituation im Lagerleben wie bei starker Beleuchtung aufgenommen oder überbelichtet worden. Der Standpunkt des Fotografen mußte auf dem Wachturm gewesen sein, der am Eingang inmitten der Lagerstraße gestanden hatte. Auf dieser Straße gingen die Gefangenen und die Wachmannschaften; ihre Gestalten waren durch die erhöhte Perspektive verkürzt. Ich sah rechts und links der Straße die mit dem Giebel zu ihr stehenden Baracken, sie wirkten niedrig, flach, starr. Es muß ein normaler Tag im Lager gewesen sein. Die Richtung, in der die Männer gingen, schien ein Ziel zu haben; andererseits wirkte es so, als würden sie es sich gerade anders überlegen, als hätten sie etwas dort, wo sie herkamen, vergessen. Sie standen auf dem Foto nicht wirklich still, sie wurden nur festgehalten, sie zögerten nur, betrachteten für einen Moment den Schatten, den sie warfen, hörten etwas und wußten nicht recht, ob es ihr

Name war, der gerufen wurde, oder der eines anderen. Oder sie dachten gerade an die Zeit, die ihnen im Lager noch bevorstehen würde, und verlangsamten deshalb ihre Bewegungen, weil sie versuchten, sich diese Zeit vorzustellen, und waren überrascht, daß sie dabei auf eine völlig leere Vorstellung trafen, die sie selbstvergessen vor sich hinblicken ließ. Oder es schmerzte gerade der von den Splittern einer Granate verletzte und nie richtig verheilte Schienbeinknochen. Vielleicht ließ sie auch ein Gedanke, über den sie sonst in den Baracken, abends, nachts, vor dem Einschlafen oder mittags nach dem Essen Witze machten, der Gedanke an den Tod, für einen Moment erschrocken innehalten, und der Fotograf muß dieses wie vereinbart erscheinende Zögern der dreißig, vierzig Gestalten, die sein Objektiv erfaßte, gespürt, entdeckt oder abgepaßt haben, ein Zögern im Krieg.
»Das hätten Sie nicht gedacht« – mit diesen Worten unterbrach der ehemalige Tischlereibesitzer meine Betrachtungen, um gleich fortzufahren: »Ich lasse Ihnen einen Abzug von dem Bild machen, und diese hier« – er legte zwei kleinere Fotografien nebeneinander auf die große und überdeckte sie dadurch – »diese dürften Sie auch nicht kennen. Hier« – sein Zeigefinger deutete auf das rechte der beiden Fotos – »ist eine Aufnahme von den Gefangenen bei einem Ausgang, da, sehen Sie, es sind sogar Neger darunter, einige tragen Kränze, sie gehen wohl zum Friedhof, deutsche Offiziere aus der Lagerverwaltung sind auch dabei, und das andere Foto ist vom Friedhof, den die Gefangenen angelegt haben; unseren Friedhof da oben verdanken wir den Gefangenen, wußten Sie das?«
Ich wußte es, aber ich wußte nicht, daß er einmal so karg und einfach ausgesehen hatte, ich kannte ihn nur, wie er jetzt noch ist, in Terrassen angelegt, halb vom Wald umschlossen, mit Blumenbeeten, Grabsteinen, Schotterwegen. Das Foto hingegen zeigte zwischen vereinzelten

Fichtenstämmen die sich wie Kästen aus dem Waldboden heraushebenden Grabhügel, am Kopfende Holzkreuze mit vierstelligen Nummern, die Gräber schmucklos, kahl, dem Wind ausgesetzt, notdürftig und doch sauber. »1939«, sagte der Mann neben mir, und ich blickte zu ihm auf, »ist das Lager errichtet worden, 1939, als der Krieg die ersten Gefangenen einbrachte. Ein Jahr später ist der Friedhof angelegt worden.« – »Einbrachte«: dieses Wort ließ mich wieder auf das Foto zurückblicken, auf die Gräberreihen, eine hinter der anderen, ein Grab neben dem anderen, wohlgeordnet, als könnte es immer so weitergehen, die Füße der Toten nach Osten, zum Waldweg hin, von wo aus die Aufnahme gemacht worden war, die Hände der Toten über der Brust gefaltet, Todesursache: der Krieg.

»Hier habe ich außerdem zwei Listen, Sterbeurkunden von Gefangenen«, hörte ich den Mann sagen, und er legte mir zwei schwache, schlecht lesbare Fotokopien vor, auf denen in Spalten untereinander Namen, Daten und Todesursachen angegeben waren, auf einem Vorsatzblatt der Name des Lagers: »STALAG IX A«, Zeit, Listennummer, alles ordentlich erfaßt, »und hier« (der Finger des Mannes glitt über eine Spalte) »überall dasselbe Datum, der 9. 9. 1944. Wissen Sie, was da geschehen ist?« Ich schüttelte den Kopf, las gerade auf der anderen Liste unter der Rubrik Todesursache die Worte »Brustbräune«, »Selbstmord durch Erhängen«, »Herzmuskelentartung« und vernahm wie nebenbei die Erklärung zum 9. 9. 1944: ein Fliegerangriff um 12 Uhr 30. »Mehr als vierzig Tote«, sagte der Mann neben mir.

Gleich darauf wurden mir Farbaufnahmen vom Friedhof im jetzigen Zustand vorgelegt. Aufnahmen von 1970, als die ehemaligen französischen Kriegsgefangenen zum zweiten Mal zu Besuch gekommen waren, als ein Kranz niedergelegt wurde und eine Abordnung der Bundeswehr aufmarschierte. Da sind sie alle zusammen, dachte ich, die einst verfeindeten, die Veteranen, die das Glück hatten, den Zweiten Weltkrieg zu überleben, und die neuen Soldaten, die in einem kommenden Krieg nicht einmal Zeit genug finden werden, um sich gefechtmäßig anzuziehen.

Plötzlich war ich müde geworden, starrte auf eines der Farbfotos, sah die in Reih und Glied dastehenden kaum zwanzigjährigen Bundeswehrsoldaten, die abends, wenn sie die Kaserne nahe der Stadt, in der ich mit dem Zug angekommen war, verlassen dürfen, in eines der Tanzlokale gehen, um ihre Langeweile, ihren entsetzlichen Müßiggang, ihr Tage-Zählen, ihre Frauen-Aufreiß-Geschichten und ihre dreckigen Witze im Bier zu ertränken, das als eine warme, gelbe, abgestandene Brühe im Glas schwappt.

Ich sagte, daß ich jetzt gehen müsse, erinnerte noch einmal daran, wie sehr ich mich freuen würde, wenn ich das Foto vom Gefangenenlager bald haben könnte, eine Kopie natürlich, klappte mein Heft zu, ging durch den schmalen Gang zur Diele. Eine Schiebetür öffnete sich, die Frau stand in einer sehr kleinen Küche, aus der ein Duft nach gebratener Ente kam, ich machte ein Kompliment, zog meinen Mantel an, bedankte mich und trat hinaus in die kalte feuchte Novemberluft.

2

»Schreiben Sie etwas Schönes über unser Dorf!« wurde mir noch nachgerufen, als ich schon auf dem Bürgersteig war. Ich versprach es und zog den Mantel enger um die Schultern. In Höhe der Brokatweberei hörte ich das gleichmäßige Rasseln und Schaben der Webautomaten. Vor mir lag die noch immer von den Baracken gesäumte ehemalige

Lagerstraße, die erst fünfzig Meter weit einen Hügel hinabführte, dann ab der früheren Kirchenbaracke ebenerdig bis zum Dorfausgang weiterlief. Ich war dort stehengeblieben, wo bis Anfang der Fünfzigerjahre die Straße in einem Wendeplatz endete; hier, auf der höchsten Erhebung des Lagerterrains, hatte ein Wachturm gestanden, genau gegenüber jenem am Ortseingang, von dem aus die Fotografie gemacht worden war. Ob dieser zweite Wachturm am Ende des Lagers (vier weitere standen an den Ecken) auf dem Foto zu sehen war, weiß ich nicht mehr. Auch hatte ich vergessen nachzufragen, wie und wann dieses Foto aufgetaucht ist, da ich mich sonst nur an ein Foto in der »Chronik« erinnere, das das Dorf zwei oder drei Jahre nach Kriegsende zeigt, als die ersten Flüchtlinge ankamen und der Turm noch am Eingang des Lagers stand.

Wann mir das erste Mal bewußt wurde, daß ich in einem ehemaligen Kriegsgefangenenlager aufwuchs, kann ich nicht sagen. Die Baracken waren für mich als Kind eine selbstverständliche Umgebung. Ich hatte meine Schleichpfade, meine Schlupfwinkel, Stoppelfelder, den Wald. Von der Landstraße her war das Donnern der Motoren schwerer Kettenfahrzeuge zu hören, amerikanische Panzer kamen den Berg herauf, fuhren von Ziegenhain nach Neukirchen oder bogen hinter dem Dorf ab in Richtung Wald, übten, kaum daß er vorüber war, den Krieg mit Angriff und Verteidigung, Tarnung und Enttarnung. Wie andere Kinder werde ich am Straßenrand, lauernd im Graben, hinter der Hecke gestanden haben, winkend, gegen den Lärm der Motoren anbrüllend, einen alten, halbverrosteten Stahlhelm auf dem Kopf, so den Soldaten ebenbürtig, nur kleiner und alles als ein Spiel verstehend, in dem die Spielzeuge zu überdimensionaler Größe angewachsen waren. Ein Päckchen Kaugummi flog über den Graben, wir warfen im Herbst die lehmige Erde im Garten um, und matt schimmerte das Messing einer Gewehrpatrone. Dort hinter den Haselnußbüschen wurde unter Vermeidung von Geräuschen sorgfältig die Bleispitze abgetrennt, und aus der Hülse rieselte das schwarze Schießpulver in meine Hand. Als die Streichholzflamme den auf einem flachen Stein liegenden kleinen Pulverberg fast berührte, gab es zugleich mit einem fauchenden Geräusch eine ellenhohe Stichflamme, und sinnend, wie nach einer Erscheinung, blickte ich noch lange auf den zurückgebliebenen schwarzen Brandfleck auf dem Stein. Mein Bruder fand, nachdem der Feuerlöschteich zur Säuberung ausgepumpt worden war (das Auspumpen diente gleichzeitig als Feuerwehrübung), im Schlamm das Gerippe eines Gewehrs, verrostet, der Holzkolben fehlte. Das Eisen wurde gereinigt, die Mechanik geölt, man konnte schießen, durch den Lauf wie durch ein Fernrohr schauen, und nach dem Abziehen des Hahns ertönte ein geheimnisvolles, wie von weit her kommendes Klicken. Der Nachbarjunge, mit dem ich Krieg spielte, fiel um, ließ sich im Gras die kleine Böschung hinunterrollen, half mit den Armen dabei nach, rollte immer weiter, bis er hinter dem zersägten Stumpf einer Pappel zu liegen kam, von wo aus er mit seinem Stück Holz, das wir beide für eine Pistole hielten, seine Deckung rücksichtslos ausnutzend, auf mich feuerte, damit das Spiel weiterging. Auch einen Hirschfänger, von dem ich anfangs glaubte, man könne ihn wie ein Bajonett auf ein Gewehr stecken, gab der Schlamm des Teiches her, und eine Weile hing er über dem Bett meines Bruders wie eine Trophäe. Was mich besonders an der Waffe interessierte, war die Blutrinne, eine Einkerbung im Metall, die hinter der Spitze der Klinge begann und fast bis zum Schaft entlang der Schneide verlief. Auch als mir klargemacht wurde, wozu diese Rinne da sei, gelang es mir nicht, die Vorstellung zu akzeptieren, daß dort, in dieser Vertiefung, sich das Blut dessen sammeln würde, der erstochen worden war. Der Tod war für mich ein unblutiges, wenn auch unter dramatischen Gesten ablaufendes Getroffen-Werden, ein Sich-Hinfallenlassen und So-tun-als-ob, ein Wieder-Aufstehen, Lachen, Zanken, der Krieg war ein Sich-Bekriegen, Sich-Verstecken, Sich-Aufspüren. Das Dorf war ein Dorf, die Baracken waren seine Häuser. Wahrscheinlich lernten wir etwas in der Schule über das Dorf, über seine Vergangenheit als Kriegsgefangenenlager, aber die Unterrichtsstunde hieß Heimatkunde, und die Heimat war eben ein Dorf in einem Land in einer Nation auf einem Erdteil auf der Welt. Außerdem stand dieses Dorf, so wie es war und was noch daraus werden sollte (»Unsere neue Heimat!«), immer im Vergleich zu der verlorengegangenen Heimat der Erwachsenen, unter der sie etwas ebenso Gemeinsames wie auch in den Einzelheiten je nach Herkunftsort Verschiedenes verstanden. So sah ich die Heimat meiner Eltern auf den Fotos, die sie mitgebracht hatten, ich sah einen Gutshof mit einer breiten Auffahrt, ich sah einen Kutschwagen, von dem herab mich Kinder in Matrosenanzügen anblickten, ich sah den Vater meines Vaters in steifer Kleidung mit einem Zylinderhut auf dem Kopf: ich sah alte Fotos, mehr sah ich nicht, und nur aufgrund der Autorität meiner Eltern sah ich in diesen gelblichen, verblichenen Bildern Beweisstücke einer Zeit, von der meine Eltern sagten, sie sei ein für allemal verloren. Den Krieg sah ich nicht, nur dann und wann ein Foto mit Männern in Uniform; das Kriegsgefangenenlager sah ich nicht, nur die Häuser dieses Dorfes, das aus Baracken bestand, in denen die Leute wohnten. Die allzu schlechten Holzbaracken wurden mit der Zeit abgerissen, aber ich erinnere mich nicht daran, daß es etwas Besonderes war, wenn an ihrer Stelle, über Nacht, wie mir schien, ein neugebautes Zweifamilienhaus stand mit gemauerten Wänden, einem spitzen Giebel und dem mit braunroten Ziegeln gedeckten Dach. Schnell hatte ich die Baracke vergessen, die zuvor dort gestanden hatte und über deren abschüssigen Holzdielenboden ich bunte Glaskugeln hatte rollen lassen. So war es, als ich ein Kind war: Meine Gegenwart war meine Geschichte und meine Geschichte war die Gegenwart. Manches darin war seltsam, eigenartig und merkwürdig, wie Teichhecken, Dielenbretter, Hirschfänger, die Schwingtür in der Gaststätte neben der Bäckerei, der Feuerwehrturm und die Fotos von einer verlorenen Heimat merkwürdig sein können, aber widersprüchlich war das alles nicht, und ich hatte keine Konflikte mit der Umgebung.

Nur eine Sache, ein Zeichen setzte sich in meinem Bewußtsein fest und blieb dort widerspenstig und unverständlich fremd bestehen, wies auf etwas hin, das in meinem Alltag nicht selbstverständlich werden konnte, wies darauf hin, daß ich in der Nähe von etwas groß wurde, was über meinen Alltag hinausging, die Andeutung einer Geschichte, die nicht spurlos in meine Gegenwart aufgenommen werden konnte. Dieses Zeichen war ein Kreuz, das auf einem der beiden Friedhöfe am Waldrand stand: ein russisches, orthodoxes Kreuz.

3

Zwei Wege führen zu den Friedhöfen. Der eine, durchs Dorf, läßt sich in ebenso viele Nebenwege aufteilen, wie Straßen und Wege zum Wald hinaufgehen. Der andere ist der Weg des Leichenwagens. Man folgt der alten B 454 in Richtung Neukirchen bis dorthin, wo sie, nun der neuen Straße ganz nahe gekommen, an einem Feldrain endet. Dort knickt im rechten Winkel eine geteerte Straße ab, die ohne Windungen auf den Kreiswald zuläuft, der im Nordosten oberhalb des Dorfes beginnt und sich wie ein dichtes Fell über die Hügel und Senken nach Norden ausdehnt.

Diesen Weg bin ich gegangen, als ich nach dem Besuch bei dem ehemaligen Tischlereibesitzer und nach dem Essen einen Spaziergang machen wollte. Der Wind hatte über Mittag gedreht, den Himmel bis auf einige Wolken am westlichen Horizont blankgeputzt, die Sonne war weiß und stechend und erwärmte schnell die Luft. Da es noch nicht geschneit hatte und die Temperatur überdurchschnittlich hoch blieb, waren die Wiesen grün wie im Frühling.

Ich hatte die alte B 454 hinter mir gelassen. Linker Hand erstreckte sich hinter Feldern die äußerste Häuserreihe des Dorfes, rechts des Weges lag der umgebrochene Acker, hellbraune, sandige Erde mit Resten nachgewachsener Kornbüschel. Vor mir zog sich in leichten Wellen der von der Sonne beschienene Waldrand entlang, unterbrochen nur von einer sich wie eine Zunge in den Wald hineinschiebenden Wiese. Ich erreichte den ersten Friedhof, der von hohen Tannen umstanden und fast nicht zu erkennen war, ging daran vorbei weiter den Weg hinauf, der nun rechter Hand vom Wald, links von der Wiese begleitet wurde, bis hinauf zu den »Drei Teichen«. Dort gabelt sich der Weg, führt geradeaus durch den Wald zu dem Schwälmer Dorf Obergrenzebach, halbrechts zur »Sandgrube« und zur »Ochsenwiese«, während man, die Spitze der Wiese umrundend, zum »Internierten-Friedhof« gelangt. Auch er war aufgrund des dichten Baumbestands kaum zu erkennen, wäre da nicht ein ihn umgebender Jägerzaun und das über dem Eingang befindliche Dach aus geschälten Fichtenstangen. Auf diesem Friedhof stand früher das orthodoxe Kreuz. Ich war hierher gegangen, um es wiederzusehen.

Der Friedhof war, wie ich ihn in Erinnerung behalten hatte: ein kleiner Park, mit vielen verschiedenen Baumarten und Büschen bestanden, einem kurzen, dichtwachsenden Rasen, auf dem die von den Lärchen herabgefalle-

nen Nadeln gelbe Flecken bildeten. Ich sah mich um. Nirgends konnte ich das russische Kreuz entdecken, sondern nur, halb verdeckt von Bäumen, das aus runden Balken bestehende der Katholiken. Rechts von mir formte sich aus dem Rasen heraus ein Weg aus roten Sandsteinplatten, dem ich folgte. Zu beiden Seiten lagen im gleichen Abstand zueinander hinter einer wuchernden Efeurabatte kissenartige Grabsteine, in die jeweils ein Vor- und ein Nachname gemeißelt war. Der Weg führte auf einen Gedenkstein zu, auf dem ich las: »Ehre den in den Lagern Ziegenhain und Schwarzenborn verstorbenen Internierten. Ihr Leben war Treue und Hingabe. 1945–1946.« Neben dem Stein war ein schwarzes Blechgestell, über dem die Reste eines Kranzes lagen. Die vergoldete Schrift auf dem verblichenen Kondolenzband war nicht mehr zu entziffern. Ich dachte immer noch an das orthodoxe Kreuz. Ein Massengrab der russischen Kriegsgefangenen sollte hier sein. Wo war der Hinweis darauf? »Ihr Leben war Treue und Hingabe«: das betraf eine ganz andere Belegung des Kriegsgefangenenlagers, eine andere Vergangenheit, die der Nationalsozialisten. Langsam, bei den kissenartigen Grabsteinen verharrend, las ich die darauf stehenden Namen: Johann Napp, Reinhard Kern, Max Treuther... Alles deutsche Namen. Wo waren die Russen, die Polen, die Ukrainer, die hier in dieser Erde, über die ich ging, liegen sollten? Statt dessen: Rudolf Karr, Alfred Klopfer... Und nirgends das orthodoxe Kreuz, dieses merkwürdige Zeichen mit dem oberen kurzen Querbalken, dem darunter befindlichen, beinahe doppelt so langen zweiten Querbalken und jenem untersten die Symmetrie des Zeichens störenden, von oben nach unten schräg verlaufenden dritten Balken.
Ich hatte, bevor ich zu den Friedhöfen ging, noch einmal in der Dorfchronik nachgelesen, was dort in einem Zeitungsartikel von 1957 über den Interniertenfriedhof in

einer pathetischen, undifferenzierten Sprache, die den Krieg und seine Folgen wie ein unausweichliches Naturereignis verharmlost, geschrieben worden war: »Hunderte von Toten des letzten Krieges haben hier in des Waldes Einsamkeit und Stille ihre letzte Ruhe gefunden. Tote, deren Leben an dem Wahnwitz eines modernen Krieges zerschellte, Menschen aus acht Nationen, die ein unergründliches Schicksal hier zusammengeführt und sie von hier aus den Weg in die Ewigkeit hat antreten lassen. In acht Sprachen stehen die Inschriften auf den kleinen Holzkreuzen und Grabsteinplatten. Hoch ragt das orthodoxe Kreuz der Russen, das über dem Massengrab der 178 in Kriegsgefangenschaft verstorbenen Russen steht, über die Ruhestätte hinaus. Dicht dahinter steht das Kreuz für die italienischen Sammelgräber. Tiefe Stille herrscht auf dem Friedhof, die nur von dem Ruf der Vögel unterbrochen wird. Würdig und geschmackvoll ist die letzte Ruhestätte der über dreihundert Toten hergerichtet. Liebevolle Pflege wird den Gräbern zuteil. Zu jeder Jahreszeit wird für den Blumenschmuck der parkähnlichen Anlage... durch die Kreisverwaltung gesorgt. Hier bahnt sich über die Gräber hinweg ein Weg zur Völkerverständigung an, der für die Überlebenden richtungsweisend und mahnend sein sollte. Ein Kriegsgefangenenlager mit der Bezeichnung ›Stalag‹ war die jetzige Heimatvertriebenensiedlung Trutzhain während des Krieges. Hunderte von Russen, die der Hölle der Ostfront durch Gefangenschaft entrannen, fanden hier Aufnahme. Abgezehrt von den schweren Kämpfen und krank vor Heimweh, starben viele fern der Heimat und fanden inmitten des Hessenlandes ihre letzte Ruhe. Wassili Kusmenko, Charkow, 22 Jahre alt, steht auf einem der von Kameraden geschnitzten Holzkreuze. Aus Turkmenien kam ›Victor Golowjaschkin‹. Als Soldat der Roten Armee fand auch er hier seine letzte Ruhestätte, so, wie neben ihm unzählige von Fremdarbeitern aus Rußland, Lettland, Polen, Frankreich, Belgien und der Ukraine zur letzten Ruhe gebettet sind. Und selbst als die Waffen schwiegen, jedoch Haß und die Vergeltung die Herrschaft hatten, forderte der Krieg noch seine Opfer. Gleich am Eingang liegen rechter Hand – Grab an Grab – die in dem Internierungslager Verstorbenen. Vorwiegend aus Sachsen und Thüringen, hatte man sie hier hinter Stacheldraht gefangengehalten. 43 Gräber zeugen von der Schwere der Haft und davon, daß Vergeltung nicht die Endlösung des Konflikts sein darf. Gemeinsam liegen die ehemaligen Gegner nun in ewiger Ruhe in den Waldboden gebettet. Anklage und Mahnung zugleich für alle, die die Geschicke der Völker lenken. «

Ich hatte mir einiges aus diesem Artikel des Jahres 1957 in mein Wachstuchheft notiert, das ich, über die Friedhofsanlage gehend, nochmals überlas: »Kleine Holzkreuze und Grabsteinplatten« – die Holzkreuze waren verschwunden, aber ich fand tatsächlich auf der gegenüberliegenden Seite der Gedenkanlage für die Internierten ungefähr 10 dieser kissenartigen Steine, auf denen slawische Namen eingemeißelt waren. Aber zwischen den Steinen führte kein Weg, und die Platten lagen wie verstreut im Gras. Ich blickte zurück: dort 38 Grabplatten, also sämtliche verstorbenen Internierten, hier 10 Grabplatten, 10 Namen von über 300 Kriegsgefangenen. »Und selbst als die Waffen schwiegen... gemeinsam liegen die ehemaligen Gegner... über die Gräber hinweg ein Weg zur Völkerverständigung... Fremdarbeiter.« – Vor mir lagen also die zehn »Fremdarbeiter«, die ein »unergründliches Schicksal« hier zusammengeführt hatte. Wo war ihr Zeichen, wo war das orthodoxe Kreuz hingekommen? Was bedeuteten schon diese wenigen, wie zufällig fallengelassenen Steine gegenüber der demonstrativen Präsenz der ehemaligen Nationalsozialisten? – Ich hatte mich bereits zum

Gehen gewendet, als mir das etwa in der Mitte des Geländes stehende, gedrungen und unförmig wirkende Steinkreuz auffiel. Es diente wohl als Ersatz für das russische Kreuz, auf das ich so fixiert war, daß ich dieses andere übersehen hatte. Auf dem querliegenden Stein las ich die lapidaren Worte: »Hier ruhen mahnend in fremder Erde Tote des Weltkriegs 1939 bis 1945.«

Als ich den Friedhof verließ, indem ich über den niedrigen, an die Wiese grenzenden Zaun stieg, um als nächstes den Dorffriedhof zu besuchen, nahm ich mir vor herauszufinden, wer für die Umgestaltung des Internierten-friedhofs, wer für das Verschwinden des russischen Kreuzes, wer für die Hervorhebung der 38 im Lager verstorbenen Deutschen gegenüber den 300 in einem Massengrab liegenden ausländischen Soldaten verantwortlich war. Ich wollte wissen, wie es kam, daß für die sogenannten »Fremdarbeiter... die vor Heimweh krank wurden«, nur unscheinbare Zeichen des Gedenkens gesetzt wurden, während für die hier liegenden Nazis ein protziger, auffallender Stein errichtet worden war mit den tönenden Worten: »Ihr Leben war Treue und Hingabe.«

(Ich habe nachgeforscht und auf meine Fragen Antworten erhalten, die für sich selbst sprechen. Noch vor meiner Abreise aus Deutschland erhielt ich von einem der Hauptmitglieder des Interniertenverbandes Broschüren und Schriften zu den 1967 und 1982 stattgefundenen Interniertentreffen auf dem Trutzhainer Friedhof. Daraus ging hervor, daß die Renovierung des Friedhofs teilweise durch sehr großzügige Spenden aus den Reihen deutschnationaler Verbände ermöglicht wurde. Den Geist und die Einstellung, aus denen heraus dies geschah, mag ein Auszug aus der Gedenkrede eines Verbandsmitglieds, gehalten auf dem Interniertenfriedhof am 5.9.1982, verdeutlichen: »Liebe Kameradinnen und Kameraden! Wir müssen der jungen Generation sagen, daß die DEUTSCHE

GESCHICHTE reich an Vorbildern ist... Damals, vor fünfzig Jahren, war es gerade die DEUTSCHE JUGEND, die mit großer Begeisterung einen Ausweg aus der Katastrophe erzwang und den Neubeginn wagte. Wenn diese Jugend dann den größten Opfergang in der Geschichte unseres Volkes gehen mußte, wenn sie dann später – bis in unsere Tage hinein – verhöhnt, verlacht, verspottet und völlig mißverstanden wurde, dann dürfen wir, die Wachgebliebenen, nicht aufhören, ihre Leistungen, ihren Opfersinn und ihre Treue zur Richtschnur allen Denkens zu erheben!... Wir danken allen, die, treu geblieben, bis zum bitteren Ende ihre Pflicht für Volk und Vaterland erfüllten! Jene aber, denen Deutschland nichts bedeutet, die EIDBRUCH und VERRAT geübt, die für die NIEDERLAGE stritten, jene, die seither im Sold der Sieger wirken, jene, die die Jugend täuschen, sie vergiften und betrügen, jene soll die Zukunft strafen! – mit Verachtung und Vergessen!!!... Unsere Kameraden auf diesem Waldfriedhof gehören zu den Unsterblichen unseres Volkes. Ihr Leben war Treue und Hingabe! *Sie* wären die *wahren* Vorbilder für unsere junge Generation... Wir verneigen uns heute in Ehrfurcht vor unseren Toten auf diesem Waldfriedhof, vor unseren tapferen Soldaten an allen Fronten, vor den Opfern des mörderischen Bombenterrors, vor den Millionenopfern der Vertreibung und vor dem FRIEDENSFLIEGER vom Mai 1941, dem Märtyrer von Spandau, REICHSMINISTER RUDOLF HESS!«)

4

Die Eingänge des Interniertenfriedhofs und des von den Franzosen angelegten ehemaligen Gefangenenfriedhofs ähneln sich, da sie beide mit dem gleichen Dach aus geschälten Fichtenstangen überdeckt sind. Allerdings wird dieses Dach bei dem jetzigen Dorf- oder »Waldfriedhof« von zwei seitlichen Mauern getragen, die aus Basaltsteinen zusammengefügt sind, und der Eingang wird auch nicht durch ein einfaches Tor abgeschlossen, sondern durch zwei nach außen und innen aufschwingende Schranken, die ebenso wie die Statue auf dem Friedhofsvorplatz von französischen Kriegsgefangenen angefertigt wurden.

Merkwürdig erscheint mir, daß ich besonders mit diesem Friedhof ausgeprägte Kindheitserinnerungen verbinde. Schon die Eingangsschranken waren ein rätselhafter Gegenstand meiner Phantasie gewesen, denn in den beiden, mit Fichtenstangen eingerahmten Schnitzereien hatte ich immer die Darstellung zweier sich windender Schlangen gesehen. Da ich damals deren Bedeutung nur aus dem Anfang der biblischen Geschichte kannte, fragte ich mich, was diese Symbole auf einem Friedhof zu suchen hatten, wohingegen die Schlange doch sonst im Paradies angesiedelt war. Und selbst als ich später erfuhr, daß die Schnitzerei Stacheldraht darstellen sollte, wodurch mein Rätsel gegenstandslos und die Verbindung des Zeichens zum ehemaligen Kriegsgefangenenfriedhof eindeutig wurde, hielt ich im stillen an dem, was ich ursprünglich darin gesehen hatte, fest.

Ähnlich ging es mir auch mit der Statue, einer auf einem hohen schmalen Sockel knienden Frau, die ihren Kopf in die auf den Ellenbogen abgestützten Arme legte und die Hände über der niedergesunkenen Stirn gefaltet hatte. Wie oft hatte ich als Kind dieser »Trauernden Marianne«, wie sie von einigen im Dorf genannt wurde, in das von den Armen verdeckte Gesicht zu blicken versucht, indem ich ganz nah an die viereckige, sich von unten nach oben verjüngende Säule herangekrochen war. Ich habe nie das Gesicht in Erinnerung behalten können – und eben das ist mir in Erinnerung geblieben.

Noch eine andere Gewohnheit habe ich aus der Kindheit behalten. Denn ich gehe oft nach Betreten des Friedhofs zu den Kindergräbern. Sie befinden sich unweit der Hecke, die die Anlage von der Waldstraße trennt, also gewissermaßen ›zu ebener Erde‹, während die nächsten Gräberreihen schon um eine Terrassenstufe höher liegen. Erst später wurde mir klar, warum die Kinder dort unten, ›an erster Stelle‹, liegen: der Platz für die Grabstellen war zu schmal und zu eng, um ihn für Erwachsenengräber zu nutzen. Als Kind sah ich diesen praktischen Grund nicht. Für mich hatte diese ›erste Stelle‹ und das ›Den-Anfang-Bilden‹ die Bedeutung einer zeitlichen, nach dem Alter der Menschen erfolgenden Einstufung. Die Kinder waren für mich einfach die Ersten gewesen, dann kamen die Erwachsenen (zu denen ich auch die Jugendlichen zählte).

Zwei Kinderbegräbnisse werde ich nie vergessen. Ich wohnte ihnen als Ministrant bei. Das eine Mal wurde ein vier Jahre alter Junge begraben. Seine Mutter hatte Wäsche waschen wollen, und er war in der Küche in einen Topf mit siedend heißem Wasser gefallen. Er wurde, als wir Ministranten schon an der offenen Grabstelle standen, in einem weißen Sarg (nie zuvor und nie danach habe ich wieder einen so weißen, beinahe die Augen blendenden Sarg gesehen) von zwei Männern herangetragen. Tote waren mir bis dahin immer wie etwas furchtbar Schweres vorgekommen, weshalb nur die stärksten Männer unter Schwitzen und Ächzen die Särge trugen. Diesmal aber sah alles ganz leicht aus, der Sarg schien zu schweben, was mir in meiner kindlichen Vorstellung sofort einleuchtete, da der Pfarrer einmal erklärt hatte, Kinder würden, wenn sie sterben, sofort zu Engeln.

Das andere Mal wurde ein fünfzehnjähriges Mädchen begraben. Ich war verwundert, daß sie zu den Kindern gelegt wurde, direkt neben den Kleinen, der sich verbrüht hatte. Das ganze Dorf war bei dieser Beerdigung versammelt, denn das Mädchen war bei allen beliebt gewesen. Sie war gestorben, nachdem sie auf dem Rückweg von der Schule am unteren Ortseingang mit dem Fahrrad nach links abbiegen wollte und dabei von einem entgegenkommenden Lastwagen erfaßt und zu Boden geschleudert wurde. Noch immer empfinde ich die Stimmung nach, die während dieses Begräbnisses geherrscht hatte. Es war nicht nur Trauer, die sich ausbreitete, sondern vor allem eine Art fassungsloser Verzweiflung über einen Tod, der von der Frage nach Schuld und Ursache überschattet war. Es war für mich das erste Mal, daß diese drei Begriffe: Ursache, Schuld und Tod, in einem deutlich spürbaren, aber unerklärlichen Zusammenhang standen.

Merkwürdig waren die sonntäglichen Spaziergänge mit den Eltern zum Friedhof, obwohl dort keiner ihrer Angehörigen lag. Gleichwohl gingen sie die Gräberreihen, von Terrasse zu Terrasse höhersteigend, ab, blieben oft stehen, lasen die Namen auf den Grabsteinen und sprachen über die Toten. Diese ihnen meist nur von einer kurzen Zeit des Zusammenlebens in der Flüchtlingssiedlung bekannten Verstorbenen nahmen damals, so glaube ich heute, die Stelle von Verwandten ein, deren Gräber in der verlorengegangenen Heimat oder irgendwo auf einem Schlachtfeld in Europa oder Rußland waren. Dieses halblaute Lesen von Namen auf Grabsteinen hatte auch ich mir angewöhnt; hinter dem Klang der Silben, die ich vor mich her sagte, schien ich zu versuchen, mir jene vorzustellen, die auf den Namen gehört hatten.

Als ich an jenem Dienstag im November den Friedhof besuchte, stieg ich, langsam und oft verharrend, Grabreihe für Grabreihe hinauf, bis dorthin, wo der ›alte‹

Teil des Friedhofs endet, der von den französischen Gefangenen angelegt worden war. (Die Gebeine der im »Stalag« verstorbenen Gefangenen waren schon bald nach Ende des Krieges nach Frankreich überführt worden. Deshalb konnte der Friedhof, nachdem die ersten Flüchtlinge ins Lager kamen, ziemlich bald für die neuen Bewohner freigegeben werden.) Zu der Zeit, als ich von zu Hause fortging, um zu studieren, hatte man bereits mit der Erweiterung des Friedhofs begonnen, und in den darauffolgenden fünfzehn Jahren zog sich ein neuer Teil weit über den Rücken des Hügels hinweg dem Dorf entgegen. Die hier eingerichteten Gräber haben die Einfachheit der alten Grabstellen verloren. Nur noch selten sind individuell wirkende Grabsteine zu sehen. Statt dessen ist der größte Teil der ›neuen‹ Gräber mit Marmorplatten überdeckt, und die Familiengräber sehen wie kalte, steinerne Doppelbetten aus. Es scheint, als hätte sich eine mystische Angst, die Toten könnten ihren Kammern entsteigen und den Lebenden ihren Besitz streitig machen, in die Gefühle der Nachkommen eingenistet. Vielleicht aber, so dachte ich, haben diese schweren, blankpolierten, mit protzigen Aufschriften versehenen Grabplatten auch nur den ganz profanen Zweck, die Gräber, wie zu Hause die verkachelten Küchen und Bäder in den Neubauten, klinisch sauber und ›pflegeleicht‹ zu halten.
Rasch ging ich an diesen Gräbern vorbei zu dem meines Vaters, das noch mit einem einfachen Grabstein, einem rötlichen Sandstein aus der Gegend, versehen ist. Mir wurde ein wenig schwach, als ich davor stand. Ich konnte nicht anders, als mir meinen Vater zugleich so vorzustellen, wie ich ihn in Erinnerung hatte, und andererseits so, wie ich Tiere im Zustand der Verwesung gesehen hatte. Als ich mich nach einer Weile zum Gehen wandte und auf das Dorf blickte, bemerkte ich

erst, daß der Himmel darüber sich verändert hatte, weil von Westen her eine violett-schwarze Wolkendecke herannahte, von der die noch immer grell strahlende Sonne in wenigen Augenblicken verdeckt werden sollte.

DER LUMPENBALL

I

Ich hatte noch nicht die Hälfte des Weges zwischen dem ›Waldfriedhof‹ und der Kohlenstraße, die den nördlichen Rand des Dorfes bildet, erreicht, als die Wolken, noch dunkler geworden, noch tiefer gesunken, sich über meinem Kopf zusammengezogen hatten. Windböen stoben von der Ebene herauf, und ich konnte erkennen, daß im Tal bereits der Regen in dichten Schwaden niederging. Dann begann es ohne Ankündigung zu blitzen und zu donnern, aber es waren keine gewöhnlichen Blitze, die vom Himmel zur Erde fielen und sich über dem Boden zerfransten, sondern ich sah sie waagerecht über den Horizont und das Dorf hinschießen, weißgelbliche Leuchtfeuer, gefolgt von echolosen Donnerschlägen. Mir wurde unheimlich in der Nähe des Waldes (über dem sich die Blitze aufzulösen schienen), und ich nahm eine Abkürzung über die Felder, entlang der mit Unkraut bewachsenen Raine. Noch bevor ich einen Weg erreichte, fielen die ersten Tropfen und bildeten auf meinem Mantel dunkle Flecken. Ich bog von der Kohlenstraße in die Posener Straße ab und war noch ein paar hundert Meter von dem in der ehemaligen Gärtnereibaracke befindlichen Gemischtwarenladen entfernt, als es zu hageln begann. Die Eiskörner trafen mich wie kleine Kieselsteine, auf der Straße bildete sich eine weißliche Schicht.

Im Laden beschlug meine Brille. Ich begrüßte den Kaufmann, bezweifelte aber, daß er mich erkannte, sagte ein paar Worte über dieses ungewöhnliche Wetter und überlegte mir sogar, ob ich, zur Entschuldigung meiner Anwesenheit, etwas kaufen sollte. In den Regalen lagen die unterschiedlichsten Waren nebeneinander, Spülmittel zwischen Mehl und Zucker. Es hatte in diesem Geschäft

nie viel anders ausgesehen, und nirgends war etwas Wesentliches verändert worden.
Jahrelang hatte ich hier Milch geholt. Die Mutter der jetzigen Besitzerin stand damals noch hinter der Verkaufstheke, freundlich, klein und so rundlich, daß ein Gedränge entstand, wenn ihre Tochter oder ihr Schwiegersohn ebenfalls von dort aus Kunden zu bedienen hatten. Die Milch wurde lose verkauft, oft floß sie aus dem Meßbecher über den Rand der Kanne, die dann, auf dem Ladentisch abgestellt, weiße Ringe hinterließ. Manchmal schöpften sie die Milch so genau ab, als würden sie die Tropfen zählen, manchmal gingen sie so großzügig damit um, daß die Kanne randvoll war und die Milch beim Aufdrücken des Deckels überlief. Am besten schmeckte sie mir, wenn ich noch auf dem Nachhauseweg die Kanne an den Mund hielt und in großen Schlucken hastig trank, wobei mir die Milch aus den Mundwinkeln über das Kinn lief und auf den Anorak oder das Hemd tropfte. Noch heute hat Milch für mich immer etwas mit Verschütten, Überlaufen und Vertropfen zu tun. Sie erinnert mich an Milchringe auf dem Ladentisch, an das feuchte Tuch, das über das eingedellte Blech der Kanne wischte, und an milchbeschmierte Gläser, die trotz des heißen Wassers, trotz des Spülmittels nicht richtig sauber wurden.
Während der Hagel allmählich nachließ, sah ich durch das Schaufenster hinaus auf die hinter der Straße liegende Frontseite einer breiten Steinbaracke, in der früher der Seifenfabrikant gewohnt hatte. Ein Anstrich und der Ausbau des Eingangs hatten dem Gebäude ein wenig seinen Barackencharakter genommen, die davor gelegene, im ovalen Bogen angelegte Auffahrt war nur noch zum Teil als solche zu erkennen, die linke Hälfte war bepflanzt, und dort, wo zu Lagerzeiten Militärfahrzeuge vor der damals als Mannschaftsbad benutzten Baracke aufgefahren waren, wuchsen jetzt Sträucher. Jenseits einer nördlich

davon gelegenen und noch mit Pappeln und Birken bestandenen Wiese streckt sich die Seifenfabrikbaracke der Straße zu. Sie besitzt ein kurzes Quergebäude, in dem, soviel wußte ich aus den Berichten meines Vaters, die Kleider der neu angekommenen Kriegsgefangenen in großen Kammern entlaust worden waren. Später dann kochte in diesem Gebäude der Fabrikant das von ihm hergestellte Bohnerwachs. Heute steht die Baracke halb leer, und es werden nur noch an zwei Tagen in der Woche in einem einzigen Raum und mit veralteten Maschinen Seifenstücke für Hotels produziert.

Um meiner nächsten Verabredung nachzukommen, mußte ich in den oberen Teil des Dorfes. Ein Ehepaar, das zu den ältesten Bewohnern der Gemeinde gehört, lebt dort seit Beginn der Besiedlung des Kriegsgefangenenlagers durch Flüchtlinge am Ende einer der sogenannten Steinbaracken. Äußerlich hatten sie an ihrem Barackenstück in den letzten drei Jahrzehnten kaum etwas verändert. Während viele andere Steinbaracken von ihren Besitzern durch Eternitplatten verkleidet worden waren, sieht man hier noch die geraden, Rechtecke bildenden Holzbalken, die zwischen diesem Fachwerk mit einem gelblichen Sandverputz versehenen Außenwände und den aus Ziegelsteinen bestehenden Sockel. Die Baracke zieht sich von der Hauptstraße her den ganzen Pappelweg entlang, der hinter dem Gebäude nach links abbiegt, da er dort von einer querstehenden, ehemaligen Klobaracke verstellt ist. Diese Klobaracke ist aus massivem Stein gebaut und hat einen Sockel und Boden aus Beton. Sie gehört ebenfalls der Familie, die ich besuchen wollte, und diente in den Anfangsjahren als Stall für zwei Pferde. Die Pferde gibt es schon lange nicht mehr. Mit ihnen verschwand auch die vor dem ›Stall‹ angelegte Koppel, und irgendwann sind die hohen Pyramidenpappeln abgeholzt worden, die die Siedler veranlaßt hatten, die Straße ›Pappelweg‹ zu nennen. Ich war von oben hergekommen, von der Breslauer Straße, an deren Ende die Mitte der Fünfzigerjahre erbaute evangelische Kirche steht, und von dort in den Weg eingebogen. Er führte mich erst an jener Baracke vorbei, in der ganz zu Anfang die Kunstblumenfabrik untergebracht war; danach sah ich die Baracke der Familie P. Ich ging durch einen Vorgarten, trat vor die in der Mitte des Eingangvorbaus befindliche Tür und klingelte.

2

Als Kind war ich manchmal in dieser Baracke gewesen und habe einige Eindrücke zurückbehalten, vor allem von der Größe und Weitläufigkeit der Räume. Vom langen und breiten Mittelflur gingen die Türen zu den Zimmern ab. Die Küche der Familie P. befand sich gleich vorn auf der linken Seite. Ich erinnere mich an einen quadratischen Raum mit einer Länge von ungefähr fünf Metern. An den Wänden entlang zogen sich Regale, Kommoden, ein Küchenbuffet, irgendwo war auch ein Sofa oder ein Sessel, Bücher auf einem Regal, in einer Ecke stand ein Küchenherd, von dem aus sich ein langes Ofenrohr über die Tür hinweg zu einem Kaminschlot streckte, Hemden hingen an einer über dem Ofen gespannten Schnur, und in der Mitte des Raumes stand ein einfacher Tisch mit Stühlen. In dieser Küche spielte sich das Leben der Familie ab.
Auf der anderen Seite des Flurs lag das Wohnzimmer, ein Raum für Gäste und für die an manchen Abenden stattfindenden Treffen mit anderen Flüchtlingen, die dort im kleinen privaten Kreis miteinander musizierten. Dieses Zimmer hatte ich früher nur einmal betreten, nur einen Blick hineingeworfen, einen Ohrensessel, ein Radio und auf dem Boden zwei kleine Teppiche gesehen.

Wo Küche und Wohnzimmer endeten, war der Flur durch eine Zwischentür abgeteilt. Dahinter öffnete sich auf der rechten Seite ein Raum, der bis zum Dachgiebel aufschoß, und man konnte von hier aus sehen, daß die zur Straße hin gelegenen Schlafzimmer wie Kästen im Innern der Baracke angebracht waren. An einer der Wände stand immer eine Leiter, auf der man hinaufsteigen konnte, um auf die ›Dächer‹ dieser Zimmer zu sehen. Kisten lagen dort, Koffer und Geräte. In diesem Teil der Baracke, die offen war wie eine Scheune, fuhren wir damals Fahrrad, schaukelten auf einem an langen Stricken weit auspendelnden Brett, liefen um die Wette, versuchten uns zu fangen. Die Baracke schien uns zum Laufen und Verlaufen gemacht. Der Flur war eine Rennbahn. Die kastenförmigen Zimmer waren wie Gehäuse in einem großen Haus, in dem es Plätze gab, auf denen Bäume hätten wachsen können. Zwischen den Dächern der Gehäuse und dem sich allmählich neigenden Innendach der Baracke entstanden Fluchträume, die sich dort, wo die ›Dächer‹ in einem Winkel zusammentrafen, in Dunkelheit auflösten. Kriechend und tastend kamen wir auf diesen Zwischendecken vorwärts, da es nur möglich war, auf den Trägerholmen zu balancieren, an die von unten her verstärkte Pappe oder leichte Holzplatten als Decke angenagelt waren. Dort oben in der Dunkelheit der Winkel, hinter Kisten und Koffern, waren unauffindbare Verstecke. Verriet man sich aber oder wurde wirklich gefunden, gab es keine Flucht nach vorn, kein Wettrennen zum Platz an der Wand, an der man sich freischlagen konnte. Denn man war ein Gefangener seines Verstecks und mußte langsam über die Schargen zurückkriechen zu den obersten Sprossen der Leiter, hinab in den offenen Raum, auf die abgetretenen Dielen, in das grauweiße Licht der Winternachmittage, das durch die zugigen Fenster fiel.

3

Die Frau öffnete mir und wußte anfangs nicht, ob sie mich wie früher duzen, oder ob sie »Sie« zu mir sagen sollte, bat mich ins Wohnzimmer, wir sprachen über den Hagel, über mich (»Was treibst du denn so?«) und über ihre längst verheirateten Kinder, von denen zwei in Australien lebten. Dann betrat ihr Mann das Zimmer. Trotz seines beträchtlichen Alters, das seinen Kopf ausgemergelt und schmal erscheinen ließ, trotz der tapsenden Bewegungen, machte er noch immer einen kräftigen, gewichtigen Eindruck.

Im Dorf – so war meine Erinnerung – hatte er sich kaum blicken lassen, und wenn, dann nur in seinem Opel P 4, einem erst beige, dann grün gestrichenen altertümlichen Wagen, um den er sich genauso intensiv zu kümmern schien wie um seine Pferde, seine Bienen und den Garten hinter dem ›Stall‹. Einmal hieß es, ihm sei von der Firma Opel ein nagelneues, modernes Auto im Tausch gegen den Oldtimer angeboten worden, von denen es nicht mehr viele Exemplare gab. Aber er lehnte ab und fuhr weiterhin in gemächlichem Tempo nach Ziegenhain und sicherte den geparkten Wagen mit einer schweren Kette, da er sonst nicht zureichend abzuschließen war. Oft, wenn ich an den Wochenenden durchs Dorf ging, war der Wagen aufgebockt und einer der Söhne lag darunter, um ihn zu reparieren. Das Auto gehörte zu der Familie wie ein Wappen, an dem man sie erkennen konnte. Es hätte mich nicht gewundert, wenn sie es noch immer besäßen, aber ich wagte nicht, danach zu fragen. Der alte Mann war mir auch als Kind und als Jugendlicher oft fremd und unansprechbar vorgekommen. Er war für mich immer etwas Besonderes gewesen, da er, wie ich glaubte, als einziger im Dorf einen Doktortitel besaß und als eine Art Professor in der Landwirtschaftsschule des Kreises tätig war.

Allein dadurch unterschied er sich von allen übrigen Einwohnern des Dorfes, die zum größten Teil Arbeiter waren und aus einfachen Verhältnissen stammten.
Nachdem dieser Mann mir die Hand gegeben hatte, ohne mich dabei anzusehen (seine Augen schienen am meisten vom Alter gezeichnet), setzte er sich in einen Lehnstuhl, der gewiß schon so lange in dem Zimmer stand, wie die Familie in der Baracke wohnte, und die Frau erklärte ihm, warum ich gekommen sei. Sie sprach dabei sehr laut und deutlich, und ihre Worte waren gefärbt vom Dialekt ihres ostdeutschen Heimatlandes, das rollende ›R‹ und die klanglich stark ausgeprägten Vokale. Heute wie früher hatten mich diese östlich klingenden Dialektfärbungen der Bewohner des Dorfes fasziniert, und auch wenn ich nie richtig unterscheiden lernte, ob jemand nun aus Pommern, Ostpreußen oder Schlesien kam, so war doch einfach die Verschiedenheit der Mundarten ein Merkmal des Dorfes und seiner Bewohner, durch die eine Unvergleichbarkeit mit allen Dörfern der Umgebung gesetzt wurde, deren einheitlicher und bis zur Unverständlichkeit wie eine fremde Sprache wirkender Dialekt neben der räumlichen Abgeschlossenheit des Dorfes eine um so größere sinnliche Abgrenzung hervorrief.

4

»Wie das am Anfang in Trutzhain gewesen ist?«, wiederholte die Frau meine Frage und war aufgestanden, um aus dem Schrank unter dem Fernseher drei kleine Gläser zu nehmen und Cognac einzuschenken. In einem der Nachbardörfer hätten sie nach der Flucht gewohnt und dann erfahren, daß es hier Baracken gäbe, die man beziehen könnte. Also seien sie hierhergekommen. Zusammen mit dem damaligen Wachmann suchten sie sich weiter unten im Dorf eine Baracke aus und richteten sich notdürftig ein. In den Fenstern war kein Glas gewesen, die Türen waren ohne Angeln, kein Licht, kein Strom, keine Betten. So hätten sie angefangen, alle, die nach und nach ins Lager kamen. Sechs Familien seien sie damals gewesen, die ersten, und sie nannte einige Namen. Zwei Jahre zuvor hatten die Amerikaner im Sommer 1946 das Internierten-lager aufgelöst. Die mehr oder weniger unverdächtigen Nazi-Angehörigen seien entlassen, die schwereren Fälle in ein Lager nach Darmstadt abtransportiert worden. Danach wurden in die Baracken Ostjuden eingewiesen, von denen es hieß, sie warteten auf die Ausreise nach Palästina. »Ein Jahr waren sie hiergeblieben, aber niemand weiß, wo sie hingekommen sind.« Die Frau nannte die Juden »Durchgänger«. Sie hätten das Lager so hinterlassen, wie die Flüchtlinge es vorfanden. Später sollte ich diesen Satz noch öfters von anderen Dorfbewohnern hören; im Gegensatz zu den Äußerungen der Frau spielte dabei oft ein Ton des Vorwurfs mit, als seien die Juden auch noch nach dem Krieg schuld daran gewesen, daß ...

Die Frau sprach arglos über die Juden. Auf der Landstraße zwischen Ziegenhain und Neukirchen sei damals der Schwarzmarkt des Kreises gewesen. Dort sollen die Juden die Schalter und Kabel, die Türklinken und die Wasserrohre, die Fenster und einfach alles, was zu demontieren war, verkauft haben. Außerdem, so sagte sie, hätten sich wahrscheinlich auch noch die Leute aus den Nachbardörfern im Lager geholt, was zu holen war. Aber das sei damals eben so gewesen. Als sie jedenfalls danach ins Lager kamen, hätten nur noch die Wachtürme, die Baracken und der dreifache Stacheldrahtzaun existiert. Sie erhielten einen Lagerausweis, den sie am Schlagbaum vorzeigen mußten, wenn sie das Lager verließen oder betraten. Ohne Ausweis sei niemand hinaus- und hineingekommen. Abends und nachts machte der Wachmann seine Runde.

Am Eingang des Dorfes, gegenüber der jetzigen Bäckerei, habe damals noch ein Stein von den Juden gestanden, eine Art Denkmal, das den abgebrochenen Ast einer Eiche darstellte, aus der ein neuer Zweig herauswuchs. Auf dem Stein habe auch etwas gestanden, aber keiner der Flüchtlinge habe das natürlich lesen können. Auch innen hätten die Juden zum Teil die Baracken ausgemalt, und ob ich wisse, wie das ausgesehen habe. Ich schüttelte den Kopf.

»Na, komm«, sagte sie und stand auf, »ich zeigs dir.« – Wir gingen durch eine Seitentür im Wohnzimmer, die zu einer Kammer führte. Der Raum war schmal und niedrig, rings an den Wänden liefen Regalbretter. Sie stieg auf eine Trittleiter und hob eine Deckenplatte ab, klappte sie nach außen um und sagte, von hier oben seien die Malereien noch gut zu erkennen. Als ich an ihrer Stelle stand und über die Zwischendecke hinweg in den leeren, bis zum Giebel nur ein bis zwei Meter hohen Raum des Dachbodens blickte, entdeckte ich die mit blauer Farbe aufgemalten Streifen, die das Dach in längliche Rechtecke unterteilten. In deren Mitte befand sich jeweils ein Davidstern, ebenfalls blau und immer noch leuchtend und einprägsam. Die Ornamente und Sterne auf weißem, gekalktem Grund waren seit fünfunddreißig Jahren unverändert und unbeschädigt: die Zeichen der Juden, einst Zeichen ihrer Diskriminierung. Die Innendächer vieler Baracken, sagte die Frau, als wir ins Wohnzimmer zurückkehrten, seien mit solchen Sternen verziert gewesen, auch auf den Außenwänden hätten Schriftzeichen gestanden, die seien natürlich alle bald überstrichen worden. Aber sie habe noch ein Foto, auf dem man ein paar Schriftzeichen sehen könne. Während sie dieses Foto suchte, das sie dann aber nicht fand und das ich erst später zu sehen bekam, überlegte ich, daß ich die Rechtecke und Sterne an der Decke auch schon damals hätte gesehen haben müssen, als ich noch als Kind in dem hinter dem Wohnzimmer befindlichen Zwischenraum mit den anderen Kindern gespielt hatte. Ich mußte diesen Zeichen und Zeichnungen ganz nah gewesen sein, wenn ich mich auf den Zwischendecken versteckte und bis in den äußersten Winkel der Dachneigung gekrochen war, so daß ich mit dem Rücken die Decke berührte und mir den Pullover weiß machte. Aber wahrscheinlich ist es gerade diese Nähe gewesen, die verhindert hatte, die mir unbekannten Symbole wahrzunehmen. Um so größer war nun, Jahre danach, die Überraschung, die ich beim Anblick der blauen Rechtecke und Sterne verspürte.

5

Die Frau hatte aufgehört nach dem Foto zu suchen und sagte, die erste Zeit in Trutzhain sei ungewöhnlich gewesen. Wenn sie allein an die Sauerkrautfabrik denke im hinteren Teil der Turnhallenbaracke, der dann abgerissen worden sei. Auf derselben Stelle standen danach Jahr für Jahr die Kirmesbuden, direkt gegenüber ihrer Küche und der Schlafzimmer, die Karussels und die Schießbuden, eine Zumutung sei das manchmal gewesen, dieser Krach bis spät in die Nacht. Aber am Anfang sei auch sonst nicht viel im Dorf losgewesen. In der Gastwirtschaft Schmitz jeden Donnerstag eine Filmvorführung und bei Apelt stand der erste Fernseher. Sie seien alle hingegangen, um die Folgen des Fernsehfilms »So weit die Füße tragen« zu sehen. Wie lange der Wachturm am Eingang gestanden habe? Das wisse sie nicht. Aber der Turm sei wichtig gewesen, denn er hatte eine große Uhr, die jetzt noch auf dem Feuerwehrturm ist. Am Anfang besaß doch keiner eine Uhr, deshalb sei sie, wenn sie wissen wollte, wie spät es ist, zur Hauptstraße hinuntergelaufen, um von dort aus auf der Wachturmuhr nachzusehen. »Ach Gott«, sagte sie, »das war damals schon eine harte Zeit. Aber es gab auch schöne Momente. Zum Beispiel der erste Fasching im Dorf, da war unten in der Wirtschaft ›Mücke‹ ein Fest, der ›Lumpenball‹. Alle, die damals schon hier wohnten, waren da, und alle hatten sich verkleidet, denn die Verkleidung war keinem schwergefallen, niemand brauchte sich ein besonderes Kostüm auszudenken, weil wir ja ohnehin nichts anderes auf dem Leib hatten als Lumpen. Im Grunde genommen brauchten wir uns gar nicht zu kostümieren, jeder brauchte einfach nur so zu kommen wie er gerade war. Ja, so war das damals im Dorf, aber seitdem hat sich viel verändert.«

Nach diesem Satz rührte sich zum ersten Mal der Mann in seinem Sessel, richtete sich auf und sagte mit einer immer noch kräftigen Stimme, seiner Frau zustimmend, ja, Trutzhain habe sich kolossal verändert.

Ich war überrascht, als ich diese Bemerkung hörte, denn ich war bisher immer der Ansicht gewesen, daß das Dorf sich kaum gewandelt hätte, und ich hatte auch immer gedacht, daß jeder, der im Dorf lebte, genauso dachte wie ich. Zwar waren die Neubauten hinzugekommen, die Straßen waren geteert worden, es gab keine Wachtürme und keinen Stacheldraht mehr, aber immer noch standen die Baracken, immer noch war das Dorfbild von ihnen und von seiner Kriegsvergangenheit wie kein anderes, das ich kannte, geprägt – und nun sagte mir ausgerechnet die Familie, die in einer dieser Baracken noch auf eine Weise wie vor 25 Jahren lebte, Trutzhain habe sich »kolossal« verändert. Wie mußte dann das ›Dorf‹, als es noch ein Lager war, ausgesehen haben, und wie festgelegt war meine Wahrnehmung, die sich zu einer Zeit gebildet hatte, als das Dorf schon intakt und die Neubauten eine Selbstverständlichkeit waren, so daß sich für mich nur unscheinbare Veränderungen zeigten? Oder meinten sie damit jene

Entwicklung des Dorfes, als es drei Jahre nach Kriegsende nur noch aus Barackenfassaden bestanden hatte, um innerhalb kurzer Zeit zu einem Ort zu werden, wo Menschen leben und arbeiten konnten?
Der Mann war nach seiner Bemerkung aufgestanden und hatte sich von mir verabschiedet. Er ging in die Küche, während die Frau mich zur Eingangstür begleitete und dort auf der Treppe noch eine Weile mit verschränkten Armen stehenblieb. »Er ist jetzt manchmal ein bißchen sonderbar«, sagte sie mit einem abwesenden Blick und erzählte mir, daß ihr Mann sich seit einiger Zeit in der Küche verkrieche und ununterbrochen in einem Geschichtsbuch lese, immer wieder von neuem in demselben Buch, da er schon nach kurzer Zeit das, was er gerade gelesen habe, wieder vergesse. Nach einer kurzen Pause sah sie auf und kam auf den ›Stall‹ jenseits der Straße zu sprechen. Sie habe die Glasfenster durch Plastikscheiben ersetzen müssen, da die Kinder aus der Nachbarschaft mit Vorliebe Steine dagegen warfen. »Den ›Stall‹ benutze sie jetzt nur noch zum Lagern der Äpfel aus dem Garten hinter der ehemaligen Klobaracke. Sie stöhnte, als sie »die vielen Äpfel« erwähnte. In diesem Herbst sei es eine wahre Plage gewesen, und sie habe alles allein ernten müssen. Dann zeigte sie plötzlich auf einen von der den Vorgarten umgebenden Ligusterhecke halb verdeckten etwa hüfthohen Betonkasten. »Da hast du auch noch etwas vom damaligen Trutzhain«, sagte sie. Es war ein Abfallbehälter aus der Zeit des Gefangenenlagers. Zur Straße hin war eine Eisentür eingelassen und oben eine Öffnung, die mit einer Blechplatte abzudecken war. Ganz zu Anfang habe der einzige Bauer in der Siedlung auch die Müllabfuhr gemacht. Er fuhr mit dem Pferdewagen die zwei oder drei in jeder Straße stehenden Müllbehälter ab und leerte sie. »Eine dreckige Arbeit«, sagte die Frau, »aber auch sie brachte ein paar Groschen ein, und die Söhne des Bauern

waren fleißig... Und jetzt muß ich rein... mein Mann... Machs gut (sie gab mir die Hand) und viel Glück bei der Arbeit... Grüß die Mutter schön...« Sie schloß die Tür hinter sich, und ich ging seitlich der Baracke an der angebauten Garage vorbei, in der der alte P4 gestanden hatte.

6

Langsam lief ich entlang der Turnhallenbaracke den Pappelweg zur Hauptstraße hinunter und erreichte die Stelle, wo 33 Jahre zuvor die Frau öfters gestanden haben mochte, um von dort aus auf den Wachturm am Eingang der Siedlung zu blicken, auf die Uhr, auf die Zeit, die verstrichen war seit dem Ende des Krieges, auf die Gegenwart, die aus einer langen geraden Straße bestand, aus leerstehenden geplünderten Baracken und den im Sommer blühenden Rotdornbäumen, deren Rinde geriffelt oder rundum mit Narben versehen war. Die Gegenwart bestand auch aus einem alten beige gestrichenen Automobil, aus einer Sauerkrautfabrik in der Nachbarbaracke, aus einer Klobaracke als Pferdestall, aus den über die Holmen der Zwischendecke kriechenden Kindern, aus den betonierten Abfallkästen, aus den Schritten der abends durch die Siedlungsstraßen gehenden Wachmänner, aus den kalten Nächten auf Strohsäcken, aus den Träumen von Kriegsnächten, von Fluchttagen, von der Einquartierung in ein Zimmer auf einem Bauernhof bei Menschen, die sechs Jahre lang vom Krieg immer nur gehört hatten und ihn erst wahrnahmen, als die Besatzungstruppen und die Flüchtlinge kamen. Sie bestand aus jenem ersten Tag, als sie mit einem Wagen, von Ziegenhain herkommend, am Stacheldrahtzaun entlang, vorbei an den schwarzbraunen Holzbaracken des alten Teils, in die Lagerstraße einbogen und am Schlagbaum gesagt bekamen, da seien die Baracken, sie sollten sich eine aussuchen zum Wohnen. Sie sind über die von Abfall und Dreck, von Holzsplittern und abgefallenem Putz überdeckten Steintreppen hinaufgegangen durch den türlosen Eingang, vor sich einen langen, nicht enden wollenden Flur, von dem die Zimmer der Wachmannschaften, der NS-Soldaten abgingen, türlose Eingänge, Fenster mit zerbrochenen Scheiben, aus den Wänden gerissene Drähte, aus dem Boden ragende Dielen. Sie sind durch die Räume gegangen und haben angefangen sich vorzustellen, wo die Küche sein könnte, wo die Schlaf- und Kinderzimmer, und sie haben sich gefragt, wo sie die Türen, die Fenster, die Möbel und das Werkzeug hernehmen sollten. Die Türen, hatte der Amtmann gesagt, der für die Einweisung der Flüchtlinge von der Behörde eingesetzt worden war, die Türen suchen wir uns zusammen aus den anderen Baracken, die Fenster ebenfalls, wir nehmen, was uns die Juden übriggelassen haben, beim Bauern müssen Sie sich Stroh beschaffen, vielleicht gibt er Ihnen auch Werkzeug, die Latrinenhäuser müssen Sie zuerst reinigen, kommen Sie ans Fenster, dann sehen Sie, wo sie sind. So sind sie zum ersten Mal ans Fenster getreten, haben zum ersten Mal in diesem Ort von innen nach außen gesehen: ein Blick aus der Gegenwart in die Zukunft, in die Ruinen eines Gefangenenlagers, in die Reste des Krieges, auf die im Wind und im Sonnenschein dieses Tages zwischen den Baracken stehenden, raschelnden Büsche, auf die wie Kerzen in den Himmel aufragenden Pappeln, die wie Wachsoldaten auf die flachen, rissigen, schlechtgeteerten Dächer der Baracken hinabsahen. Sie sind vom Fenster weggetreten, haben sich angesehen, haben gesagt, wir bleiben hier, es ist immer noch besser als gar nichts. Sie haben gehört, wie der Amtmann sagte, daß sie froh sein sollten, daß es Sommer sei, und demnächst werde das ganze Lager »vergast«, da müßten sie für einen halben Tag noch einmal raus aus den Wohnungen, doch nur für einen halben Tag. Das wichtigste, hatte der Mann zur Frau gesagt, ist ein eigenes Dach über dem Kopf, und das andere wird sich alles ergeben. Sie sind hinausgegangen, haben auf die Uhr auf dem Wachturm geschaut, die Gegenwart war angebrochen, die Gegenwart nach dem Krieg, die sie noch Jahrzehnte mit sich herumschleppen würden, bis sie alt wären, bis sie am Vormittag zusammen in der Küche saßen, wo überm Herd die Wäsche trocknete und der Mann am Küchentisch im Geschichtsbuch las, bis einer von ihnen sterben würde, beerdigt läge im neuen Teil des Friedhofs, bis der andere ihm folgte.

7

Einer war dem anderen gefolgt. Ich weiß nicht mehr, was mir meine Mutter, als wir am Abend zusammensaßen, für ein Datum nannte, wann sie den Panjewagen anspannen ließ, Ende Januar oder Anfang Februar 1945, aber es herrschte Schneetreiben, als die Flucht vor den sich nähernden Russen begann. Sie schlossen sich einem Treck an, der in Richtung Oder, dann nach Dresden ging. Es mögen auch andere Städte, ein anderer Fluß gewesen sein. Vielleicht zehnmal, vielleicht weniger oft war zu Hause von dieser Flucht erzählt worden, aber kaum Einzelheiten. Wichtig war offensichtlich nur, was auf dem Wagen alles Platz gefunden hatte: meine Mutter, meine drei Brüder und meine Schwester, die noch ein Baby war. Einen großen Topf Honig hatte meine Mutter mitgenommen, ein Fotoalbum, Decken (Pferdedecken, die besonders gut wärmten). Ein langer Treck, ein Treckführer, der ein Tagebuch führte. Ich sah vor meinen Augen Bilder aus amerikanischen Wildwestfilmen, ich sah meine Mutter und ihre Kinder zusammengekauert in der Dunkelheit auf dem Wagen sitzen, den ein Kutscher lenkte. (Alle Bilder, die ich mir machte, fielen in die Nacht.) In einem Bauernhof wurde Halt gemacht, sie lagen in der Scheune im Stroh, schliefen vor Erschöpfung sofort ein und so lange, bis sie vom Kutscher geweckt wurden und entferntes Schießen und Detonationen hörten. Die Russen waren auf dem Vormarsch, schneller als der Treck, zurück auf den Wagen, schnell, hastig, die Kinder immer an den Händen, der Treck zog weiter. Ich las in dem Tagebuch: »Darüber hinaus bringt die Nacht ein Erlebnis, den Großangriff auf Dresden. Der Himmel dröhnt fast zwei Stunden und in der Ferne krachen die Detonationen ohne Ende. Eine Brandröte überzieht den Himmel, Dresden sinkt in Asche.« Meine Mutter sagt, die Menschen in der Stadt hätten versucht, sich vor den Phosphorbomben in ihre mit Wasser gefüllten Badewannen zu retten, doch oben auf dem Wasser brannte der Phosphor weiter. Sie kam mit ihren Kindern auf einem Bauernhof zwischen Weimar und Eisenach unter, dort starb ihre Tochter und wurde am Waldrand begraben. Ich sehe meine Mutter auf einem Foto aus dieser Zeit, mit einer Kiepe auf dem Rükken, an jeder Hand ein Kind, auf einem Feldweg gehen. Ich stelle mir vor, der Weg führte zu diesem Waldrand, an dem sie nach einem Besuch des Grabes Holz sammelten. Im Frühsommer 1949 war sie wieder auf der Flucht. Sie war mit den Kindern nach Ellrich gebracht worden, dort traf sie mit einem Fluchthelfer zusammen, der sein Haus im Niemandsland stehen hatte. Sie gab dem Mann das Geld, das er forderte. Er war betrunken und zeigte ihnen den Weg und die Richtung, die sie gehen mußten. So schnell sie konnte, ist sie durch die Nacht über das hügelige Gelände gelaufen, immer in Sorge um die Kinder. Sie hatte den jüngsten Sohn an der Hand, der älteste, etwa elfjährige, paßte auf den zweitältesten auf. Hinter ihnen ertönten plötzlich Halt-Rufe der Wachposten, immer wieder Halt Halt Halt, Rufe, die ihr noch heute in den Ohren schallen. Dann stürzte der zweitälteste Sohn beinahe in einen Schacht, mit einem Fuß war er schon über dem Abgrund, als ihn sein Bruder gerade noch rechtzeitig zu sich heranzog. Aber das Gleichgewicht war schon verloren, der Taumel über einem schwarzen, bodenlos tiefen Loch hatte schon eingesetzt, und ich habe mir, seitdem ich diese Erzählung zum ersten Mal als Kind gehört hatte, diesen Schacht vorgestellt, immer einen bestimmten Schacht in einer hügeligen Landschaft, die ich nie gesehen habe. Ich habe auch immer die Nacht, diese bestimmte Nacht und die Nächte, in denen der Treck gen Westen zog, gesehen, ich habe das ungeschnittene, in der Nacht grau und buschig erscheinende Gras im Niemandsland und den plötzlich seitlich von mir und schon halb unter mir aufklaffenden Schacht gesehen. Ich verschwand als Kind in den Bildern, die mir von meinen Eltern aus der unmittelbar vor meiner Geburt liegenden Zeit erzählt worden waren. Ich erwachte in ihnen, starrte meinen Bruder an, der in einen Schacht hätte stürzen können, fragte nach meiner Schwester und wollte von meinem Vater wissen, wie es in der Kriegsgefangenschaft gewesen war. Er hatte auf seine Hosen gezeigt und gesagt, die hätten sie unten an den Aufschlägen zugebunden, um auf den Feldern, wo sie hatten arbeiten müssen, so viele Kartoffeln wie möglich hineinzustecken. Der Russe hätte sie oft erwischt, und dann polterten die Kartoffeln auf den Boden und sie wurden angeschnauzt und bekamen nichts zu essen. Aber bei der Entlassung hätten ihm die Russen seinen Ring und seine Uhr wiedergegeben. Dann sei er in die Gegend von Trutzhain gelangt und im Nachbardorf bei einem Bauern untergekommen, bis das Lager zur Besiedlung freigegeben worden war. Im unteren Teil sei ihm das Mittelstück einer ausgeraubten Holzbaracke zugewiesen worden. Als erstes habe er Fenster und Türen besorgt, Bettgestelle, Tisch und Hocker selbst gezimmert, so gut er es eben konnte, und irgend jemand schenkte ihm einen Herd. Dann schrieb er seiner Frau, daß sie kommen sollte. Von Minden rief sie eines Tages in der Gaststätte Schmitz an. Im Taxi des Gastwirts (ein schwarzer, alter Opel, eines der wenigen Autos in der Siedlung, aber ein Taxi) holte er sie und die drei Kinder dort vom Bahnhof ab. Meine Mutter betrat die Baracke und... sie könne es nicht beschreiben, sagt sie, wie sie sich damals gefühlt habe, für jeden der Jungen ein Bett, eine eigene Küche, an den Wänden Tapeten aus Packpapier und die Gewißheit in Freiheit zu sein, das sei unbeschreiblich gewesen. Diese Auflösung der Flucht, das Ankommen in der Siedlung, das erste Umhergehen in eigenen Räumen, durch deren Fenster helles Licht fällt – über dies alles weiß ich nur wenig, und die Bilder, die ich mir aus den Erzählungen gemacht habe, kommen mir manchmal vor wie nachträglich zusammengesetzt aus Fotos und Filmen, aber alles, was ich aus dieser Zeit nach der Flucht, aus dieser allerersten Zeit in Trutzhain ›sehe‹, ist für mich am Tag geschehen, und immer nur am Tag, als hätte es damals keine Nacht mehr gegeben.

8

Grell und in seinem Pathos manchmal am Rand der Glaubwürdigkeit liegend, ist mir dagegen immer ein Bericht vorgekommen, der aus der Sicht eines Betroffenen die Ankunft und Einweisung in die Flüchtlingssiedlung darzustellen versucht. Er ist in einer »Festschrift« des Dorfes von 1955 abgedruckt, der Verfasser blieb anonym, und meine Eltern hatten dazu gesagt, so sei es tatsächlich gewesen. Der Bericht trägt die Überschrift:

Vom ›Elendshaufen‹ zum ›Dorf aus Nichts!‹
Von...

Wer 1948 auf der Straße von Ziegenhain nach Riebelsdorf wanderte, begegnete manchmal einzelnen oder kleinen Gruppen von Männern, die ihn abschätzend musterten. ›DPs.‹ aus dem ›Stalag‹ oder Steinatal. ›Zigaretten, Glühbirnen, Eier, Fensterglas‹, zischelte es im Vorbeigehen.
Einige Wochen später. Das ›Stalag‹ war geräumt worden und vom ›Ami‹ zur Besiedlung durch Flüchtlinge freigegeben.
Mit leisem Herzklopfen hatten wir – meine Frau und ich – den Schlagbaum durchschritten und baten um die Erlaubnis, mit dem Lagerleiter, Amtmann P., sprechen zu dürfen. Unser Anliegen: Aufnahme in das Lager, Zuweisung einer Baracke oder eines Barackenteiles, um darin zu wohnen und wieder eine Existenz aufzubauen. – ›Wer hierher will, muß sich darüber im klaren sein: er kommt wie in einen Urwald. Erst roden, dann säen und – wenn Gott will – auch ernten‹, sagte uns der Amtmann.
Anträge – warten auf eine Entscheidung eines Ausschusses, und dann – o welcher Glücksfall! – Genehmigung.
12. Mai 1948. – Die Baracke Nr... ist uns zugewiesen. – Türen und Fenster fehlten fast ganz. Gasschalter, Lichtschalter, Wasserhähne und Türschlösser waren im Straßenhandel von den DPs. verscherbelt worden. Ratlos standen wir in der Baracke, durch die der Wind pfiff.
Vergeblich war jeder Versuch, Glas für ein Fenster, ein Schloß für die Tür, oder gar einen Ofen zu bekommen.
Dann kam der 21. Juni 1948. Das alte Geld verlor seinen Wert. Das ›Kopfgeld‹, 40.– DM pro Kopf, wurde ausgegeben.
Bisher hatten wir durch den Verkauf unserer letzten Habseligkeiten in einem Gasthof ein Fremdenzimmer bezahlen können. Das war nun zu Ende.

Jetzt mußten wir in die Baracke ziehen, und wir konnten es auch. Das neue Geld hatte Wunder gewirkt. Fensterglas und Türschlösser, Öfen und Lichtschalter waren plötzlich zu haben.
Ein Handwagen voll Stroh auf den Boden gebreitet, Leintücher darüber zum Schlafen – und die ›Wohnung‹ war eingerichtet.
Elend – Not – Trauer? – nein. *Wir waren glücklich!* Wir hatten ein Dach über dem Kopf. – Nur wer *das* verloren hat, weiß, wie arm man sein kann!
Dreck, Dreck – drinnen und draußen, ringsum Dreck. Meterhoch. – Er wurde beseitigt.
Tausende von Nägeln staken in zusammengebrochenen Hölzern und Wänden. Die konnte man herausziehen, geradeklopfen. Bretterstücke und Pfosten wurden aus Bruch und Trümmern geordnet, bearbeitet und die ersten Abteilungen in den Baracken selbst und ohne alle Mittel erstellt, zum Wohnen, zum Werken.
Wochen vergingen. Einige 20 Familien waren bereits am Schippen und Bauen, Hämmern und Sägen. Ein reiches Pilz- und Beerenjahr half die Nahrung verbessern.
Da wurden uns Mietverträge zugestellt. 15 Pf. der qm gewerblich genutzten Raumes. 25 Pfg. der qm Wohnraum.
An diesem Abend saßen wir zum ersten Male alle beisammen. Wir, die wir uns noch gar nicht kannten und die wir uns doch alle verstanden durch gleiches Schicksal.
Es war schon dunkel geworden, als wir zusammenkamen, in jener Baracke, in der die Türen umfielen, als wir sie öffnen wollten, weil sie keine Angeln und Schlösser hatten. – Erinnert Ihr Euch noch?
Dann saßen wir im einzigen Raum, der Licht hatte. Und eine Schwere lastete auf uns.
Miete – für gewerblich genutzte Räume, für Wohnun-

gen – ohne Türen, ohne Fenster – als Bett das Stroh am Boden – ohne Verdienst und Einkommen?
›Leute! – können wir das verweigern? –
Und können wir das bezahlen? –‹
Zwei wurden gewählt. Auch ich dabei. Und ich konnte nicht annehmen. ›Es könnten Fahrtkosten entstehen. Und ich habe nichts. Nichts, als die Sorge um meine Familie – und die Not.‹
Und dann hab ichs doch angenommen, für uns alle mitzureden, für uns einige 20 im ›Elendsdorf‹.
Ob es einen Sinn haben würde? Ob überhaupt noch was einen Sinn hat?
Und dann geschah das Wunder.
Am anderen Morgen wird unsere Tür geöffnet und ein Korb voll Gemüse, Kraut, Möhren wird hereingeschoben. ›Wir haben soo viel davon im Garten. Vielleicht hilfts Euch.‹ Und zu war die Tür wieder.
Ganz leis kams mir empor tief drinnen, als meine Frau und ich uns überrascht anblickten. Sowas gibts noch? –
Ich hatte niemandem was gesagt, denn es ging ja allen wie uns. Nur gestern abend, da wollte ich doch die Wahl nicht annehmen, weil...
Und wieder ging die Tür auf: Eine große Tüte mit Mehl, eine Seite Speck darauf wurde hingestellt. ›Wir reichen noch bis zur nächsten Ernte, wir gebens gern.‹ – Es war der Sohn des einzigen Bauern, der das Land hier unter den Pflug nehmen wollte.
Die Tränen flossen uns aus den Augen.

STALAG – TRUTZHAIN – HEIMAT!

Heimat ist dort, wo Menschen leben, die die Liebe nicht sterben lassen. Dann wurde aus dem ›Stalag‹ das ›Dorf‹.
Erinnert Ihr Euch noch?

Unter diesem Bericht ist ein Foto abgebildet. Es zeigt die Giebelseiten von Holzbaracken und helle Fenster, in denen sich der auf den Wiesen davor liegende Schnee spiegelt. Drei schwarze Pfosten eines Stacheldrahtzaunes heben sich von der weißen Fläche ab. Der Zaun verläuft schräg durch das Bild, von links unten aus der Ecke kommend bis zum rechten Bildrand des Fotos in halber Höhe. Unter dem Foto steht: »Elendsviertel – bald verschwunden.«

9

Es gab nach dem Krieg in den von Amerikanern, Franzosen und Engländern besetzten Teilen Deutschlands über 2000 solcher Lager und »Elendsviertel«. Bevor ich ins Dorf fuhr, um dort meine Erkundungen zu machen, hatte ich mir aus der Bibliothek Bücher ausgeliehen, die Flucht und Vertreibung beschrieben und statistisch erfaßten. Ich las einige Aufsätze und blätterte immer wieder in einem dreibändigen Werk, das voll war mit Zahlen und Landkarten, auf denen in roter, blauer und grüner Farbe die Ballungsgebiete und die Wege des Flüchtlingsstroms verzeichnet waren. Insgesamt waren es mehr als elf Millionen Menschen, die sich nach 1945 in Gebieten ansiedelten, die Hunderte von Kilometern von ihrer Heimat entfernt lagen. Die Mehrheit der Flüchtlinge wurde in Städten und Dörfern einquartiert und mußte sich mit den seit jeher dort Wohnenden die Zimmer teilen. Andere kamen in Lagern unter, Kasernen der ehemaligen Wehrmacht, in Munitionsdepots und Barackensiedlungen. Ich habe gelesen, daß es dort am Anfang überall gleich aussah, es waren alles Elendsviertel, und oft lebten in einem Barackenteil, in einem Raum, bis zu fünf oder sechs Familien. Da sie nicht genug Betten hatten, mußten sie in Schichten schlafen. Die Männer konnten keine Arbeit finden, lungerten herum wie die Kinder, für die es keine Schulen gab. Sie lebten von dem bißchen Geld, das sie vom Staat zugeteilt bekamen, und warteten darauf, irgendwo anders hinzukommen, wo es Arbeit gab und sie sich niederlassen konnten. Diese Lager bestanden bis in die Anfänge der Fünfzigerjahre. Dann hatte sich der Flüchtlingsstrom verteilt. Das Ruhrgebiet war voll mit Flüchtlingen, Schleswig-Holstein ein einziges Flüchtlingslager. Die Dialekte stießen gegeneinander, die Eigenarten und Bräuche der Fremden traten denen der Stammbevölkerung gegenüber. Es gab Neid, Feindschaften, Diskriminierungen. Und es gab die politische Macht der Flüchtlinge. Es gab die Vorstellung, »die aus dem Osten« wieder dorthin zurückzuschicken, wo sie herkamen: in ihre »Heimat«. Und es gab dieses millionenfache Potential an Arbeitern, Handwerkern, Unternehmern und Intellektuellen, die dann in den Fünfzigerjahren den Reichtum der Bundesrepublik mitbegründeten. Die Lager wurden abgerissen und statt dessen Neubausiedlungen gebaut, Häuser in Reih und Glied, eins wie das andere. Planstädte entstanden, Mustersiedlungen. In den Jahren 52 und 55 wurde von den Russen und Amerikanern noch einmal die Hoffnung geschürt, daß sie alle zurück könnten, daß Deutschland noch einmal ein einziges Land würde. Doch Adenauer vertrat andere Interessen, das westliche Bündnis, Privatwirtschaft, Aufrüstung, eine Demonstration der Macht und kein Interesse für eine politische Lösung. Für die ehemaligen Flüchtlinge und Vertriebenen wurde das Wort Heimat mit einem Zusatz versehen, denn es gab nun die »zweite«, die »alte« Heimat, bis sich auch dieser Zusatz verlor und das Ruhrgebiet, das Emsland, Kiel oder die Schwäbische Alb zur »Heimat« wurden. Es gab den Abnutzungsprozeß der Erinnerung und die erinnerungslosen, in der neuen Umgebung aufgewachsenen oder in sie hineingeborenen Kinder. Neben den alten lagen plötzlich neue Fotoalben. Allmählich gab es die Anpassung und die Aufweichung der Sprachunterschiede, es gab die Heirat mit den Alteingesessenen, die Neubauwohnung und das Stadtviertel, es gab die Schadensersatzleistungen aus dem Lastenausgleich, das einmalig ausgezahlte Geld für verlorengegangenen Besitz neben den nie durch eine ›Feindesmacht‹ enteigneten Besitztümern, als hätte es keinen Krieg gegeben. Es gab den Zwang, nach vorn zu sehen, und die Kunst und die Literatur, die das Verlorengegangene in eine Sammlung schön erzählter Geschichten aufnahm, es gab den deutschen Heimatfilm und die Produktionen aus Hollywood, es gab Freddy Quinn und Caterina Valente: Nimm mich mit, Kapitän auf die Reise und Calcutta liegt am Ganges, es gab das Fernsehen und das Vergessen, und 1954 wurde das Lied: So ein Tag, so wunderschön wie heute – zum ersten Mal gesungen, dann immer wieder, immer öfter, immer lauter. Es gab die Juno-Zigaretten, erst lose, dann im Fünfer-Paket, dann zehn Stück im Automaten. Die ersten Bücher über diese Zeit entstanden, Bücher, die ich noch kurz vor meiner Abreise aus Deutschland las. In einem von ihnen fand ich zwei Fotografien, die ich beim Schreiben bei mir haben wollte. Das erste Foto zeigt einen liegengebliebenen Treck. Kreuz und quer stehen und liegen die beschädigten Wagen auf einem Weg am Waldrand. Kein Mensch ist zu sehen, nur in weiter Entfernung, wo der Weg eine Biegung macht, stehen zwei Panzer, zwei von jenen, die den Treck aufrieben, die Wagen überrollten. Das andere Foto zeigt ein Kieler Flüchtlingslager im Jahr 1946. Im Vordergrund des Bildes stehen oder sitzen insgesamt 12 Kinder, kleine und große, sie halten Blechnäpfe in den Händen, haben die Gesichter abgewendet und schauen wie ich in das Bild hinein. Vor sich sehen sie einen ebenen zertretenen Rasenplatz, dahinter reihen sich die Holzbaracken.

Zwischen Telegrafenmasten sind Wäscheleinen gespannt, an denen Hemden und Strümpfe hängen, es scheint ein schöner Tag gewesen zu sein. In Grüppchen sitzen vor den Eingangstüren der Baracken deren Bewohner, an einer fensterlosen Rückwand vorbei geht eine alte, gebückte Frau am Stock. Sie ist schwarz gekleidet und trägt ein dunkles Kopftuch. Ihr Gesicht ist nicht zu sehen. Keins der Gesichter, die auf diesem Foto nahe genug wären, um erkannt zu werden, ist zu sehen. Sie blicken alle in ihr eigenes Bild. Das Foto wirkt dadurch sehr still. Die Dächer der Baracken bilden den Horizont, nur ein paar Telegrafenstangen ragen wie Lanzen in den hellen Hintergrund. Vielleicht war es früh am Morgen oder am späten Nachmittag, als sich der Verschluß im Apparat für den Bruchteil einer Sekunde öffnete. Denn die Schatten sind lang, die die Kinder im Vordergrund werfen.

HANDSCHRIFTEN

I

Zwei Tage lang habe ich nicht am Manuskript gearbeitet, sondern bin mit dem Bus nach Florenz gefahren, um Einkäufe zu machen und wieder einmal unter Menschen zu sein. Ich lief stundenlang durch die Straßen, saß in Cafés, las Zeitungen und fuhr gegen Abend aufs Land zurück, glücklich darüber, wieder allein sein zu können.
Gestern schnitt ich einige Zweige von einem blühenden Mandelbaum ab. Ich staunte, wie die Landschaft unter dem Licht der Sonne, die zum ersten Mal richtig wärmte, in den verschiedensten Färbungen zu grünen begann. Ich schaute den Landarbeitern beim Ausschneiden der Olivenbäume zu. Die knorrigen, vielgeteilten Bäume sahen nach dieser Prozedur wie Kelche aus. An den Enden ihrer Arme war jeweils ein in den Himmel strebender Zweig stehengelassen worden, ›la guida‹, der Führungszweig. Ich sah hinab ins Tal und blieb so sehr in dem sich im Dunst verlierenden Blick gefangen, daß ich keine Einzelheiten mehr wahrnahm. Nach dem tagelangen Herumsitzen im Zimmer und am Schreibtisch hatte ich das Bedürfnis nach Ferne und Weite. Ich setzte mich auf einen Mauervorsprung, ließ den warmen Wind über mein Gesicht fächern und ruhte aus.
Am Abend blätterte ich mein Manuskript durch und machte Pläne für die nächsten Tage. Vor mir ausgebreitet lagen die mitgeführten Materialien, die Aufzeichnungen des ersten Dorflehrers und die Mappen mit Fotos und Zeitungsausschnitten. Dieses Material dokumentiert eine Zeit, über die ich kaum etwas wußte und über die ich aus Gesprächen während meines Besuches in Trutzhain fast nichts hatte erfahren können. So muß ich mich auf die Zeitungsartikel verlassen oder, besser gesagt, auf den Lehrer, der in ihnen und in seinen Aufzeichnungen offen-

sichtlich zuverlässige Dokumente sah, mit denen sich der entscheidende Zeitabschnitt der ›Dorfwerdung‹ der Flüchtlingssiedlung Trutzhain darstellen ließe. Auf dieses Material bin ich angewiesen, aber ich nehme mir vor, den Aussagen der Dokumente und des Lehrers mit Vorbehalten zu folgen.

Gleichwohl überraschte mich gestern, als ich in den Mappen und Heften zum wiederholten Male blätterte, von neuem der Reiz, der für mich von den alten Schriftstücken ausging. Denn vor mir lagen nicht nur die Zeugnisse der Anstrengung, Trutzhain als neue Heimat in einem fremden Teil Deutschlands zu begreifen und mit den ernüchternden Konsequenzen aus einem verlorenen Krieg fertig werden zu wollen, sondern auch die Beschaffenheit des Materials selbst: vergilbte Blätter, verblaßte Schriften, das Fehlen großer Umlaute in der Typographie des unregelmäßigen Zeitungssatzes, der staubige Geruch des Papiers – mit all diesen Eigenheiten verband ich eine nachträgliche, sinnliche Erfahrung einer zurückliegenden Zeit, die ich selbst nicht erlebt hatte und von der ich doch glaubte, sie würde sich mir in den flachen Landschaften der Fotos und Abbildungen, in der flimmernden Bleisatzschrift und in den mit einem weichen Bleistift oder wäßriger Tinte geschriebenen Sätzen wenigstens zu einem Teil verraten.

2

Vor mir liegen vier Oktavhefte des Lehrers. Die ersten drei sind mit blau-violetten Umschlägen versehen und enthalten Notizen und stichwortartige Aufzeichnungen über wichtige Ereignisse im Dorf zwischen den Jahren 1949 und 1958, sowie Entwürfe zu einer Schulchronik. Das vierte Heft hat einen grauen, mit einer stilisierten Landkarte Nordwestdeutschlands bedruckten Umschlagkarton. Auf dem grünen Etikett steht das Wort »Chronik« und auf den zweiunddreißig vollbeschriebenen Heftseiten gibt der Lehrer einen historischen Überblick über den Ort Trutzhain bis zum Jahre 1951, in dem aus der ›Flüchtlingssiedlung‹ eine selbständige Gemeinde wurde. Die gesamte Chronik aber hat die Absicht, »über das Vorwärtskommen und die Existenzgründung der Siedler, besonders aber über die Erziehung der Jugend in Schule und Kirche« zu berichten.

Beim Lesen dieses Berichts hatte ich oft den Eindruck, vor mir läge der Abriß aus einem Geschichtsbuch, das die Gegenwart, so schlimm sie auch (geworden) ist, unter allen Umständen positiv zu begründen versucht und eine Genealogie hervorzaubert, die großzügig vergißt, welche verhängnisvollen zeitgeschichtlichen Ereignisse für den neuen Lebensabschnitt der heimatlos gewordenen Flüchtlinge verantwortlich sind. Um zu diesem nicht selten verklärenden Geschichtsbild zu gelangen, vermengt der Lehrer Fakten und subjektive Wahrnehmungen mit falschen Angaben und Wunschvorstellungen, so daß dieser Chronikentwurf nicht nur Ereignisse und Daten festhält, sondern auch ein nach dem Krieg erstaunliches Selbstbewußtsein dokumentiert, in dem alles Widersprüchliche zugunsten einer harmonisierenden Welt- und Selbstsicht getilgt wird.

Schon die ersten Sätze der am 1.8. 1949 vom damaligen Dorflehrer H. begonnenen ›Schulchronik‹ klingen wie ein Kommentar der deutschen Wochenschau zu einem Rückblick auf das menschliche Schicksal schlechthin: »Wieder brachte ein erbarmungsloser Krieg unendliches Elend über Deutschland. Städte und Dörfer wurden zerstört, die Menschen aus ihrer Heimat vertrieben. Aber das Leben selbst läßt sich nicht ausrotten. Dort, wo vor Jahrhunderten vernichtende Flammen den Menschen die Grundlage ihres Daseins nahmen, zimmern sich heute ihre schicksalsverwandten Nachfahren ein neues Leben.«

Der Lehrer führt dann den Beweis dafür, daß die aus einem Barackenlager entstandene Siedlung eine Jahrhunderte überbrückende Vorgeschichte hat. Die historischen Jahreszahlen und urkundlichen Zitate erwecken den Eindruck, als könne die Siedlung ihre Existenz zu einem viel gewichtigeren Teil aus der Geschichte als aus dem Krieg ableiten. Nicht von ungefähr beginnt der »historische Rückblick« des Lehrers daher wie ein Märchen:

»In alten Überlieferungen wird erzählt, daß ... einige Kilometer ostwärts von der Festung Ziegenhain ein kleines blühendes Schwälmerdorf gelegen hat. Dieses Dorf wird das erste Mal 1294 unter dem Namen ›Trutishain‹ erwähnt. Im 14. Jahrhundert ist der Ort als ›Truxhain‹ oder ›Trautshain‹ bezeichnet...« Nach einem Salbuch aus dem 16. Jahrhundert gehörte »die Wüstung Trautzhain... zur Gemarkung Steina, und 1752 bedeutet Trautzhain ein ganzes Gut...«. Jedoch sei Trautzhain im 30jährigen Krieg zerstört worden und »den Weg alles Irdischen gegangen. Seine abgebrannten und geplünderten Gehöfte verfielen rasch, und bald lebte im Volksmund nur noch sein Name. Durch das Braunkohlevorkommen in dieser Gegend hören wir zum ersten Mal wieder in der Mitte des 19. Jahrhunderts vom Bestehen eines Kohlenbergwerks namens Trutzborn, dessen Anlage, dem Namen nach, auf die im ausgehenden Mittelalter entstandene Ortswüstung zurückgeht... Auf der topographischen Karte des Kurfürstentums Hessen ist 1859 noch Trutzborn eingezeichnet.«

Vieles in diesem Bericht kann nicht als gesichert angesehen werden, sondern muß der Phantasie des Lehrers entsprungen sein. Nach Meinung des im Dorf lebenden Steinmetzen, der eigene Nachforschungen angestellt hat, gab es wohl nie ein »blühendes Schwälmerdorf« gleichen

Namens. Vielmehr soll Trautzhain lediglich ein größeres Gehöft gewesen sein, das in der Nähe des jetzigen Interniertenfriedhofs am Ende der Fasanenwiese gelegen hatte. Etwas oberhalb entspringt noch heute eine Quelle, die den Namen »Trutzborn« trägt, der von dem Lehrer vorschnell zur Bezeichnung des Kohlenbergwerks verwendet wurde. Daß es ihm in seinem »Rückblick« jedoch gelungen war, eine derartige Einbettung der Flüchtlingssiedlung in eine teils idyllische, teils schicksalsbestimmte Vorvergangenheit vorzunehmen und Trutzhain einen historischen Hintergrund zu geben, der den Ort beinahe bruchlos in die Reihe der uralten und traditionsreichen Dörfer der Schwalm einbezieht, muß dem Lehrer nicht nur gefallen und zur Erweiterung der spärlichen urkundlichen Angaben mit seinen Wunschvorstellungen verleitet haben, sondern auch dazu, sogar das Kriegsgefangenenlager mit überschwenglichen Worten zu beschreiben.
»Die Fachwerkbaracken waren einheitlich, zwischen 60 und 80 Meter lang und 12 bis 13 Meter breit. Unser heutiges evangelisches Kirchlein wurde mit Sorgfalt von französischen Gefangenen gebaut und mit kunstvoller Malerei ausgeschmückt. Zur gleichen Zeit entstand in der Ecke des Kreiswaldes der Kriegsgefangenenfriedhof. Gleich beim Eintreten zieht eine hohe Bildsäule, die eine auf ein Schwert gestützte trauernde Mutter darstellt, unsere Blicke an. Die Lagerstraße war breit und geteert und zu beiden Seiten mit Rotdornbäumen bestanden, wie überhaupt das ganze Kriegsgefangenenlager einem einzigen Schmuckkästchen glich, denn die jeweiligen Lagerkommandanten legten größten Wert auf die Bepflanzung der Grünanlagen. Blühende Sträucher von selten schöner Pracht und mit viel Liebe gepflegte Blumenrabatten säumten die Wege. Trauerweiden beschatteten die Feuerlöschteiche, in denen sich Seerosen zu wundervoller Pracht entwickelten. Heute noch zeugen viele seltene

Ziersträucher und die im Frühjahr blühenden Rotdornalleen aus jener Zeit.«
Es ist bei dieser Darstellung beinahe nicht anders möglich, als zu vergessen, daß es sich bei dem »Schmuckkästchen« um ein Gefangenenlager handelte. Mit keinem Wort werden der Stacheldraht, die Wachtürme, die bewaffneten Soldaten, die vielen Kranken und deren Elend erwähnt. Auch die Tatsache, daß das Lager bepflanzt war, lag wohl hauptsächlich daran, daß der zweite Lagerkommandant in der Nähe von Marburg eine Baumschule besaß. Doch bei der Auffassung des Lehrers von der Geschichte als einem naturhaften Wechsel von Aufbau und Zerstörung, Idylle und Krieg, verwundert es auch nicht, daß sich in seiner Wahrnehmung die Frauenstatue auf dem Friedhof auf ein »Schwert« stützt: dieses »Schwert« ist in Wahrheit ein Kreuz, das reliefartig im Sockel der Skulptur erscheint, und die Frau stützt sich auf nichts anderes als auf ihre Arme. Wie er aber in einem Atemzug den 30jährigen Krieg mit dem Zweiten Weltkrieg nennt, so sieht er auch in einem Kreuz eine mittelalterliche Waffe, ausgestellt auf einem Friedhof, dessen Tote den Folgen der Verletzungen durch Granaten und Bomben zum Opfer fielen.
Gegenüber der einmütig beschönigenden Beschreibung des Gefangenenlagers fallen in der nachfolgenden Passage über die Geschichte des Lagers bis 1948 härtere Worte. Denn nachdem der Lehrer dessen Auflösung durch die amerikanische Armee am Karfreitag 1945 erwähnt, kommt er kurz auf die Unterbringung von »deutschen Kriegsgefangenen«, »politischen Gefangenen und Zivilinternierten« zu sprechen, um schließlich auf die Belegung der Baracken durch die Juden einzugehen. »Im Herbst 46... nahm das Stalag die Zwangsverschleppten (DPs.), durchwegs Juden aus den polnischen und sonstigen Ostgebieten auf. Ungefähr ein Jahr hau-

sten die Juden in diesem Lager und verließen es am 5. 11. 1947 in einem unbeschreiblichen Zustand.«

Ich habe diesen »historischen Rückblick« in vielen Zeitungsartikeln und auch in der »Festschrift« wiedergefunden, manchmal zusammengefaßt und gekürzt und von Wiederholungen gereinigt. Die Formulierung, die Juden hätten in dem Lager »gehaust«, wurde getilgt; statt dessen »verbrachten« sie nun ein Jahr dort. Auch ließen sie es nicht mehr in einem »unbeschreiblichen« Zustand zurück, sondern in einem »nicht gerade erfreulichen«. Viele andere Irrtümer und vage Behauptungen sind jedoch in die öffentlichen Berichte eingegangen und haben sich in den Köpfen der Dorfbewohner, für die der Lehrer einst eine intellektuelle und kulturelle Institution war, festgesetzt.

Gewiß glaubte der Lehrer damals mit seinem Bericht im Sinn all der »armen, heimatlosen Menschen«, die das gleiche »Schicksal der Vertreibung« in Trutzhain betraf, zu sprechen, und ich sehe in seiner ›Geschichtsschreibung‹ vorrangig den Versuch, der sperrigen Gegenwart nach dem Krieg ein positives Selbstverständnis und eine Identität abzugewinnen, mit der man wieder »nach vorn« sehen konnte, auch wenn dies auf Kosten der Wahrheit geschah. Denn vier Jahre nach dem Krieg ging es vor allem darum, die Ärmel hochzukrempeln und sich nicht entmutigen zu lassen: »Es mußten tüchtige Menschen sein, die den Kampf um das Leben in Trutzhain aufzunehmen wagten.«

3

Ganz in diesem Sinne stellt der Lehrer in der »Chronik« auch seine eigene Tätigkeit dar. Nachdem er den Zustand der Baracken, wie sie von den Flüchtlingen vorgefunden

wurden, beschreibt und anführt, daß »am 3. März 1949 bereits 32 Betriebe und 318 Personen« in der Siedlung untergebracht waren, geht er auf die Einrichtung der Schule ein und auf die Bedingungen, unter denen die ersten Unterrichtsjahre stattgefunden haben.
Ihren Anfang machte die Schule am 1. August 1949 mit 69 Schulkindern, einklassig geführt. Der Lehrer berichtet von seiner Ankunft im Dorf: »Mit den wenigen Habseligkeiten traf ich am 22. Juli nachmittags in Trutzhain ein. Mit einem feierlichen Empfang hatte ich ja nicht gerechnet. Daß ich jedoch vor verschlossener Dienstwohnung, deren Schlüssel absichtlich nicht vom Staatsbauamt hinterlegt worden war, stehen würde, hatte ich nicht erwartet. Amtmann Putzke veranlaßte schließlich, daß die Wohnung durch Sperrhaken geöffnet wurde. Das seltsame Verhalten des vorhergehenden Wohnungsinhabers (H. Libisch – Staatsbauamt Ziegenhain) befremdete mich um so mehr, da ich mein Eintreffen auf Tag und Stunde angekündigt hatte. Doch dieser herzlose Empfang hat mich nicht abgeschreckt, den Aufbau der Schule mit Lust und Liebe eifrig voranzutreiben.«
Der Beschreibung dieses Erlebnisses ist eine Stimmung zu entnehmen, von der ich im Dorf öfters berichten hörte, eine Stimmung des Mißtrauens und der Feindseligkeit gegenüber den Flüchtlingen. Denn bis dahin hießen sie noch alle »Flüchtlinge«. Der Lehrer nennt die Schule in seinem Bericht »Flüchtlingsschule« und die Schulkinder »Flüchtlingskinder«. Über sie schreibt er: »70 % meiner 69 Schulkinder kamen aus dem Sudetenland (C. S. R.), die anderen aus Schlesien, Ostpreußen und Polen. Den meisten Kindern sah man noch die Entbehrungen der vergangenen Jahre an. Der Verlust der Heimat und die Sorgen und die Tränen der Eltern hatten auch die Kinderantlitze gezeichnet.« Und er fährt nicht ohne eine gewisse Eitelkeit, von der große Teile seines Schulberichts geprägt sind,

fort: »Vertrauend erschlossen sich mir die Herzen der Kinder, und wir bauten gemeinsam eine Brücke aus der alten Heimat, aus der wir unschuldig vertrieben worden sind, in unsere neue Zukunft.« Hier ist nun von »Vertreibung« aus der Heimat die Rede, ein Wort, das sich erst in den folgenden Jahren festigte und schließlich das Wort »Flüchtling« weitgehend verdrängte.

Der Lehrer schreibt weiter, er habe den ersten Unterricht mit nichts als einem Bleistift und einem Notizblock gestaltet. 22000 Mark veranschlagte die hessische Regierung zur Instandsetzung der Schulbaracke. »Da diese Mittel nicht zur Verfügung standen und die Siedler diese Kosten nicht übernehmen konnten, sollten zunächst nur die dringendsten Arbeiten ausgeführt werden, um in der eigenen Schule mit der Arbeit bald beginnen zu können. Dieser neue Kostenvoranschlag belief sich auf 2700 DM. Es war bei der schwierigen wirtschaftlichen Lage, die unter den Heimatvertriebenen herrschte, nicht möglich, diesen Betrag aufzubringen, zumal die Siedler die ihnen in den verwahrlosten Gebäuden zugewiesenen Wohn- und Betriebsräume auf eigene Kosten herrichten mußten. Der hessische Staat finanzierte den Ausbau der beiden Klassenräume und die Einrichtung für die erste Klasse.« Die Gestaltung des Klassenraums, an den ich auch noch Erinnerungen habe, war den Umständen entsprechend ungewöhnlich. Es gab keine Schulbänke, sondern einfache, rechteckige Tische, die entweder hintereinander oder auch in Hufeisenform standen. Ich weiß noch, daß es einigen Schülern besonderen Spaß machte, die Tische während des Unterrichts möglichst lautlos zu verrücken, so daß sie näher an den Vordermann herankamen. Der Lehrer umzeichnete daher des öfteren die Tischbeine auf dem Dielenboden mit Kreide.

Nannte ich manchmal während meines Besuches im Dorf den Namen des Lehrers, um die Bewohner über die

Schule und ihn auszufragen, spürte ich Zurückhaltung. Er war nicht bei allen beliebt. Mir wurde gesagt, daß er eine Zeitlang im Dorf eine Art Mittagsruhestunde von 13 bis 15 Uhr durchzusetzen versuchte, während der die Kinder nicht auf die Straße durften. In dem Heft seiner »Chronik« schreibt er: »Mit Lust und Eifer gingen die Kinder zur Schule, gab es doch bei vielen so manches nachzuholen, sowohl die äußere Disziplin zu verbessern, als auch die Leistungen zu steigern.« Als Möglichkeit hierzu denkt er an eine »Schülermitverwaltung« und führt aus: »Die Mitarbeit unserer Kinder am Aufbau unserer neuen Schule ist rührend. Jedes fühlt sich mitverantwortlich. So sorgt ein Teil der Kinder für das Heranholen des Brennmaterials (Sägespäne), andere bereichern durch Sammlung von seltsamen Steinen, Moosen, Pflanzen und Blättern das noch leerstehende Lehrmittelkabinett... Wie stolz war doch jedes Kind auf sein beigetragenes Scherflein.« Was die Mittagsruhestunde, die mir gegenüber auch als »Arrest« bezeichnet wurde, betrifft, ist auch ein »Aufruf« des Elternbeirats an die »Eltern der Trh.-Schulkinder« vom Jahre 1950 erhalten, in dem es heißt: »Unsere Kinder haben durch Kriegseinwirkungen, Bombenangriff, unregelmäßigen Schulbesuch, Fehlen der verantwortlichen Erzieher und durch die Nachkriegseinwirkungen (Hungerjahre, Fluchterlebnisse, Wohnungsnot, Umschulungen) in ihrer Entwicklung sehr stark gelitten. Die Folgen machen sich jetzt in allgemeiner Nervosität, schwerer Erziehbarkeit, mangelnder Konzentration bemerkbar. Sie wirken sich im erheblichen Rückgang der Schulleistungen aus, die, wie umfassende Untersuchungen ergeben haben, bis zu einem Drittel der Vorkriegsleistungen betragen. Um diese Kriegsschäden zu beheben und unseren Kindern durch geregelte Tätigkeit und Hebung der Schulleistungen ihren Lebensweg zu erleichtern, hat die Schule in Trutzhain, wohl als einzige Schule des Kreises, die festen Arbeitsstunden eingeführt.« Im folgenden Schuljahr wurden diese zwischen 14 und 16 Uhr in das Schulgebäude verlegt, und die Schüler standen unter Aufsicht. Auch die »rührende Mitarbeit«, die der Lehrer in seinem Bericht so hervorhebt, ist wohl nicht selten unter Druck geschehen. Denn nach Erreichen einer bestimmten Anzahl von ›schlechten Punkten‹, die er nicht nur für mangelhaftes Verhalten der Schüler, sondern auch für schlechte schulische Leistungen austeilte, wurden Strafen erteilt, wie zum Beispiel die körperlich schwere Arbeit des Sägespäne-Holens, Ofen-Stopfens, der Säuberung des Schulhofes, oder es mußte der Garten des Lehrers umgegraben werden. All dies bleibt in der »Chronik« unerwähnt, während die Erfolge und gemeinschaftlichen Bemühungen überschwenglich gelobt werden. Der »Chronik« zufolge ist der Brückenschlag aus der alten, verlorenen Heimat in »unsere neue Zukunft« zumindest im Bereich der schulischen Erziehung der Kinder problemlos und früh gelungen.

Die letzten Seiten des grauen Heftes sind auf den »Herbst 1950« datiert. Eingeleitet werden sie mit einem Abschnitt, der mit den Worten beginnt: »Das Wohlergehen unserer Schule ist eng mit den kommunalpolitischen Geschehnissen der Siedlung verknüpft...« und die saubere, aufrechtstehende, von Sütterlin-Buchstaben durchsetzte Handschrift des Lehrers faßt auf den folgenden Seiten die politischen Ereignisse der Jahre 1948 bis 1950 zusammen, die auch anhand von Zeitungsartikeln aus dieser Zeit dokumentiert sind. Sie befinden sich ausgeschnitten und aufgeklebt in einem Rechnungsbuch mit einem gelben Umschlag aus festem Karton. Auf dessen Vorderseite steht mit grünem Farbstift geschrieben: »Trutzhain und das Kreisgebiet«, darunter in Bleistift: »Entwürfe für die Chronik 1949, 50, 51, 52.«

4

Das Rechnungsbuch umfaßt insgesamt 80 Seiten, die je zur Hälfte für Trutzhain und für Ziegenhain und Umgebung reserviert sind. Während jedoch die zweite Hälfte fast gänzlich mit Zeitungsausrissen über den Schwalmkreis ausgefüllt sind, blieben von den ersten 40 Seiten für Trutzhain 10 frei, und viele andere wurden nur zu einem kleinen Teil beklebt. Wieder muß ich beim Durchblättern dieses Rechnungsbuches an den Eifer des Lehrers denken, mit dem er die Flüchtlingssiedlung, dieses Barackenlager, wie ein Heimatdorf der Schwalm behandelte.
Auf der Innenseite des Buchdeckels sind zwei mit Untertitelungen versehene Zeitungsfotos aufgeklebt, die Ansichten der »Siedlung Waldhof« bei Kassel zeigen. Auf dem oberen Foto ist aus dem Wald heraus eine Reihe von neu errichteten Zweifamilienhäusern zu sehen. Das zweite Foto zeigt eine von Fachwerkhäusern und Neubauten gesäumte Straße, auf der einige Fußgänger gehen. Unter diesem Foto steht: »Die Flüchtlingssiedlung ›Waldhof‹ bei Eschenstruth im Landkreis Kassel wurde am Sonntag feierlich eingeweiht: Mit einem Kostenaufwand von 425 000 DM wurden in 50 Häusern 200 Wohnungen ausgebaut, in denen nunmehr Heimatvertriebene nach den Irrfahrten der Ausweisung Ruhe und Frieden finden sollen, wie Ministerpräsident Stock bei seiner Ansprache sagte. Unser Bild zeigt einen Blick auf die Hauptstraße der Siedlung.« Die Zeitungsausschnitte sind mit keinem Datum versehen. Sie stehen als Eingang zu den »Entwürfen einer Chronik« wie zeitlose Beispiele einer vorbildlichen Ansiedlung für Vertriebene. Daß es sich um eine Nachkriegssiedlung handelt, ist den Dorfansichten nicht anzumerken. Ländliche Idylle strahlen die Bilder aus, nichts von Baracken, nichts von Quartieren. Auch die Höhe der angegebenen Geldsumme muß dem Lehrer in

die Augen gestochen haben, vergleicht man sie mit den Beträgen, die vom Land Hessen für die Flüchtlingssiedlung Trutzhain ausgegeben wurden und die auf den folgenden Seiten immer wieder eines der wichtigsten Themen der Zeitungsberichte darstellen.
Die Dokumentation beginnt erst auf Seite 2 des Rechnungsbuches. Ganz oben, am äußeren Rand, ist dort ein Foto eingeklebt, eines von dreien, die einst die Seite ziemlich abgedeckt haben müssen. Doch von den anderen beiden sind nur noch Klebespuren zu sehen. Die Bedeutung des übriggebliebenen Bildes blieb mir so lange unbekannt, bis ich in einem der blauen Hefte des Lehrers einen Zettel fand, auf dem dieses Foto unter dem Vermerk »B.2« beschrieben wird: »Johannes Knauf IV auf Knien war seiner Zeit schon mit der Überwachung der Wasseranlagen f. d. Kriegsgefangenen-Lager beauftragt worden. Das Bild zeigt uns H. Knauf mit Lagerkommandant... im Pumpwerk an der Kohlenstraße.« Auf dem Foto sind zwei Männer in einem Raum zu erkennen, an dessen Wänden sich Leitungen, Rohre und Schaltkästen befinden. Der eine der Männer ist in Uniform, auf der Brust trägt er das Reichsadlerabzeichen, auf den Schulterklappen sind zwei Knöpfe oder Sterne, über dem Schirm der Mütze liegt eine Kordel. Der andere Mann, Knauf, kniend, hat eine Lederjacke an. Beide Männer sind im Profil zu sehen.
Das »Pumpwerk« liegt noch heute unter einer Erdaufschüttung verborgen an der Kohlenstraße. Aus dem Grashügel ragen zwei schwarz gestrichene Entlüftungsrohre, der Eingang führt von der Straße aus wie in einen Keller. Die Tür hatte zwei kleine Glasfenster und war durch Eisenverstrebungen abgesichert. Es war uns Kindern strengstens verboten zu versuchen, in diesen »Bunker«, wie wir ihn nannten, einzudringen. Es sollten dort Skelette von Menschen liegen, hatte man uns gesagt, zur Abschreckung wohl, aber ich habe daran geglaubt. Unter

welchen Umständen und wann ich dann doch einmal in diesen Bunker gelangte, weiß ich nicht mehr, aber ich sehe vor mir ein langes, mit einer Tonnendecke versehenes Gewölbe und dunkle glatte Wände. Ich nehme an, daß ich mit meinem Vater dort unten war, und meine Erinnerung stammt nur von einem kurzen Blick, denn ich bin gleich wieder hinausgerannt, weil meine Einbildung so stark gewesen war, daß ich tatsächlich ein Skelett gesehen hatte, im dämmrigen Licht an der Rückwand, wie aufgemalt.

Auf dem Zettel des Lehrers sind noch zwei andere Notizen, die wahrscheinlich den beiden fehlenden Bildern gelten. Unter dem Vermerk »B. 1« steht: »Am Totensonntag des Jahres 1943 ehrten die Insassen des Kriegsgefangenenlagers durch Kranzniederlegung ihre Toten. Das Bild zeigt die Gefangenen, getrennt nach Nationen, auf dem Wege zum Kriegsgefangenenfriedhof im Kreiswald.« Dabei fällt mir jenes Foto ein, das mir der ehemalige Tischlereibesitzer am ersten Tag meiner Nachforschungen im Dorf vorgelegt hatte: Ein Zug von Soldaten, gekleidet in den verschiedensten Uniformen, kommt vom Lagereingang her. Einige tragen Kränze, mitten unter ihnen, in einer Reihe, deutsche Offiziere, dahinter wieder Gefangene, unter ihnen auch Neger. Seitlich der Straße stehen wie heute noch die Eschenbäume. Hinter einem Palisadenzaun taucht der helle Giebel einer Baracke auf, in der jetzt die Busse des Fuhrunternehmers untergestellt sind. – Als ich dieses Foto zum ersten Mal sah, erstaunte ich darüber, wie wenig sich diese Ansicht des Dorfes geändert hatte, nur die Gefangenen, der Zaun, weisen auf die Vergangenheit hin.

Die dritte Notiz mit dem Vermerk »B. 3« lautet: »Der Winter ist kalt. Es steht jedoch reichlich Brennmaterial zur Verfügung. Hier zeigt uns das Bild französische Kriegsgefangene beim Empfang von Brennmaterial vor dem Kohlenschuppen. (Heute Strohmattenfabrik.)« Dieser in Klammern stehende Zusatz erinnert mich an die wechseln-

den Bezeichnungen und Benennungen der Baracken. Sie wurden im Kriegsgefangenenlager nach Ziffern benannt, insgesamt waren es mit den Holzbaracken mehr als sechzig. Auch bei den Internierten und während der Belegung durch die »Ostjuden« wurde diese Adressierung beibehalten. Und als mein Vater ein Barackenstück mietete und nach Trutzhain zog, schrieb er unter der Spalte »Str. Nr.« des polizeilichen Anmeldebogens »Baracke 15«. Andererseits hatten die Baracken aber auch schon Namen, die ihre Funktion angaben. Zwei Seiten in einem der blauen Hefte des Lehrers geben eine Aufstellung der Lage dieser Baracken. Demnach fungierten am Anfang der Lagerstraße und auf ihrer rechten Seite die Baracken als Räume für die Briefzensur und für die Dolmetscher, gegenüber waren die Paketpost und die Kommandantur. Es folgten rechts und links die Wachbaracken, dann die Versammlungs- und Werkstattbaracken, wiederum Wachlokale und die Gemeinschaftsküche usw. Zur Zeit der Besiedlung durch die Flüchtlinge wurden die Baracken nach den Betrieben genannt, die in ihnen untergebracht waren: Strohmattenbaracke, Kistenfabrikbaracke, Fischräuchereibaracke, Seifenbaracke etc. Von der Zeit an, da diese Baracken teilweise oder ganz in den Besitz einzelner Familien oder Unternehmer übergingen, trugen sie die Namen ihrer Eigentümer. Dies ist bis heute so. Man spricht von der Wallisch-Baracke, von der Petters-Baracke oder von der Sturm-Baracke, in der zuvor die Autolackiererei war und zu Kriegszeiten die Leichenhalle des Lagers. Die Swoboda-Baracke wurde nach Aufgabe der dort untergekommenen Weberei auch Schneider-Baracke genannt, weil sie von einem Herrn Schneider gepachtet war. In dieser Baracke war bis 1945 der »Kohlenschuppen« gewesen und drei Jahre später die »Strohmattenfabrik«.
Die Fotos »B. 1« bis »B. 3« haben einmal die Eröffnung zu den »Entwürfen für die Chronik« gebildet. Demgegen-

über bestehen die folgenden dreißig Seiten ausschließlich aus Zeitungsartikeln, die nicht nur vergilbt und fleckig sind, sondern auch auseinandergeschnitten und übereinandergeklebt.

5

Der erste existierende Zeitungsartikel über Trutzhain trägt die Überschrift »Aus Trautzhain wurde Trutzhain« und den Untertitel: »Auf der Landkarte noch nicht verzeichnet – Neue Siedlung im Wachsen«. Seine erste Hälfte entspricht bis aufs Wort den ersten Seiten der »Chronik« im grauen Heft des Lehrers. Der zweite Teil ist der Aufführung von den zu jener Zeit, also nicht einmal ein Jahr nach Bestehen der Siedlung, existierenden »50 Industrie- und Handwerksbetrieben« gewidmet. Vielleicht ist diese Zahl nicht ganz korrekt, jedenfalls ist das Verhältnis der Anzahl der Betriebe zu der mit 250 angegebenen Einwohnerzahl erstaunlich. »Der Mann am Klappenschrank der [Post-]Zentrale, der bereits 23 [Telefon-]Anschlüsse zu verbinden hat, kann den Hörer oft stundenlang nicht ablegen. Der Omnibus, der seit kurzem Trutzhain mit den Bahnhöfen Ziegenhain und Neukirchen verbindet, ist mehrfach überfüllt. Eine modern eingerichtete Gaststätte wird mit steigender Sonne immer mehr Ausflügler anlokken. Ein Flüchtlingspfarrer ist als Seelsorger tätig und predigt in einer eigenen Kirche. Für körperliches Wohl sorgt ein Arzt. Als nächstes soll ein Kindergarten erstehen und eine Schule für die 42 Trutzhainer Kinder, deren Zahl schon größer ist als die der einheimischen in der Gemeinde Steina, deren Schule sie zur Zeit besuchen...«
Bereits in diesen wenigen Sätzen zeigt sich eine Tendenz der Berichterstattung über die Siedlung, die auch den Ton vieler anderer Zeitungsartikel bestimmt. Bewunderung

und Neugier kommen offen neben einer stillen, zurückgehaltenen Skepsis zum Ausdruck. Denn das Leben in Trutzhain muß Außenstehenden als äußerst lebendig und interessant aber auch befremdlich erschienen sein. Es wurden Betriebe eröffnet und eingerichtet, die, vor allem in der hauptsächlich auf landwirtschaftliche Produkte eingestellten Wirtschaft des Schwalmgebiets, außergewöhnlich anmuteten. Zudem machte die Vielfalt der Produktion die Siedlung wirtschaftlich beinahe autark. Unter der Zwischenüberschrift »Ueberfluß an guten Handwerkern« heißt es in einem Zeitungsbericht vom November 1949: »In der großen nüchternen Amtsstube sitzt der Vertrauensmann, Herr Putzke. Seit April des vorigen Jahres hat er sich am Ausbau und der Einrichtung der verkommenen Baracken für Handwerksfamilien beteiligt. ›Unter den Flüchtlingen herrscht ein Ueberfluß an sehr gut ausgebildeten Handwerkern‹, sagt Herr Putzke, ›46 Handwerksbetriebe, fünf Industrien und ein Landwirtschaftsbetrieb wurden eingerichtet. Trutzhain ist vollkommen unabhängig von der übrigen Schwalm und durchaus lebensfähig.‹ Lebensmittel, Gebrauchsgegenstände, Werkzeuge, Holzprodukte – kurz alles, was zum Leben benötigt wird – kann man in der Siedlung kaufen. Geld ist wenig oder gar keins vorhanden. Aber mit bewundernswerter Zähigkeit wurden mit primitiven Werkzeugen in Tag- und Nachtarbeit die notwendigen Maschinen geschaffen.«

Es war wohl vor allem diese Betriebsamkeit, die dazu beitrug, die vorhandenen Vorurteile in der öffentlichen Meinung über das »Flüchtlingslager« ein wenig abzubauen. Auch pendelten 1949 schon 150 in den Dörfern der Umgebung lebende Arbeiter täglich nach Trutzhain. Die Siedlung wurde bereits als eine Kommune angesehen und hatte durch den Zusammenhalt der zufällig an diesem Ort versammelten Familien aus allen Teilen des Ostens eine

gewisse Identität bekommen: »Die 410 Bewohner halten fest zusammen. Einer unterstützt den anderen. Schon in der alten Heimat mußten sie sich gegen die Ueberzahl der polnischen oder tschechischen Betriebe behaupten. Das hat sie hart gemacht. Die Handwerker hungern, um sich Maschinen zu kaufen, die nicht selbst gebaut werden können. Wenn ein einheimisches, gut ausgestattetes Werk eine Stunde zum Anfertigen eines Artikels braucht, können ihn viele Flüchtlingsbetriebe nur in doppelter und dreifacher Arbeitszeit herstellen. Um konkurrenzfähig zu sein, darf sich die Ware trotz der Mehrarbeit nicht verteuern. Das hat zur Folge, daß zahlreiche Trutzhainer Flüchtlinge 12 und 14 Stunden arbeiten müssen.«
Diese Leistungen haben Anerkennung gefunden. Befremdend hingegen wurden an der Siedlung die Zeichen von Krieg, Flucht und Vertreibung, von Heimatlosigkeit und von menschlichen Schicksalen empfunden. Trutzhain wirkte auf die Menschen der Umgebung irritierend, weil dieser Ort wie ein Symbol für die Vergangenheit, für den Krieg erschien, der an diesem Teil des Landes beinahe spurlos vorübergegangen war. Dort lebten Deutsche, die alles verloren hatten, unter Deutschen, denen der Krieg nichts angehabt hatte, obgleich doch alle Verlierer waren. So beschränkten sich die Einheimischen auf ein vorsichtiges Beobachten der fremden Deutschen, die wie unter Versuchsbedingungen lebten. Nur durch einen einzigen Artikel aus jenen Jahren ist ein Interesse belegt, das nicht nur um Geldsorgen, Wohnungsnot und die Arbeitsmöglichkeiten kreist, sondern sich den Menschen selbst widmet und in scheinbar private Vorgänge eindringt. Unter der Überschrift »Erschütternde Einzelschicksale« heißt es im November 1949: »Wie in anderen Gemeinden gibt es auch in Trutzhain Dorfgespräche. Augenblicklich bewegt das schwere Schicksal der Frau Ragoß die Gemüter. Wir suchen sie in einer der massiven Baracken auf. Aengstlich

irren ihre Augen von einem zum anderen. Sie ist erst vorigen Monat von Polen nach Trutzhain gekommen und muß sich erst daran gewöhnen in Freiheit zu leben. Mit etwas gebrochenem Deutsch erzählt sie: ›Grundstück und Haus haben uns die Polen weggenommen. Man ließ uns nur ein Hemd und ein Handtuch und schleppte uns von Lager zu Lager.‹ Sie hat schwere Landarbeit machen müssen. Als wir sie nach ihrem Mann fragen, sagt sie tonlos: ›Von den Polen erhängt.‹ Ihr Sohn, Max Ragoß, ist ohne Familie. Seine Frau wurde von den Russen verschleppt und ist in Sibirien gestorben. Der 12jährige Enkel lebt noch in Polen, wird als Pole gehalten und kann kein Deutsch. Er kennt seinen Vater kaum. ›Ob ich ihn einmal wiedersehe?‹ ist die bange Frage des Vaters. Ungefähr zur gleichen Zeit wie Frau Ragoß ist die Familie Schulze nach Trutzhain gekommen. Ihre Unterkunft kann nicht mehr als menschenwürdig bezeichnet werden. Mit den vier Kindern, die noch zu Hause sind, hat die Familie insgesamt drei Betten zur Verfügung. Jahrzehntelang haben ihre Vorfahren einen Hof in Polen bewirtschaftet. Heute arbeitet Ludwig Schulze als Maurer. Seine Frau ist glücklich, daß sie hier sein darf. ›Und wenn es noch schlechter wäre, kämen wir uns im Verhältnis zu dem Leben in den letzten zwei Jahren wie im Paradies vor‹, versichert sie uns. ›Die Polen haben uns alles genommen‹, sagt sie unter Tränen ...«

Das alles sind Zeitungsmeldungen, denen man glauben kann, wenn man will. Auffallend ist aber, wie wenig in einer Gegenwart, die so von der jüngsten Geschichte geprägt ist, nach Hintergründen gesucht wurde. Auffallend ist auch, wie schnell man bereit war zu vergessen, daß es Deutsche gewesen waren, die den Krieg geführt und sogar Völkermord gerechtfertigt hatten, und daß jene Deutschen, die unter den Folgen ihrer Handlungen litten, das Schicksal und die alten Feinde verantwortlich machten, nicht aber sich selbst. Schuld waren wieder die anderen, und wer Schuld hatte, wurde schnell wieder zum Feind. Hatten nicht die Juden das Lager geplündert? Aber wer hatte das Lager gebaut und warum? War man nicht von den Russen und Polen vertrieben worden? Aber wer war in Rußland und Polen eingefallen? Wer war verantwortlich für das Elend in einem ehemaligen Gefangenenlager, dessen Häuser aus Holz bestanden, gebaut für eine nur kurze Dauer von 20 Jahren? Die Besatzungsmächte? Und was war mit der verlorenen Heimat? Auf der Rückseite eines nur an der oberen Kante festgeklebten Zeitungsberichts, las ich einen Artikel: »Pommernland ist abgebrannt.« Darin heißt es unter anderem: »In Regenwalde ist teilweise das Straßenpflaster herausgerissen und abtransportiert worden. Mit dem Motorpflug zerstörten die Polen den Friedhof und sammelten die deutschen Grabsteine, um sie zu verkaufen. Der ehemals wichtige Eisenbahnknotenpunkt Stargard, heute ›Starograd‹, mit seinem mittelalterlichen Stadtbild, hat ein östliches Gepräge erhalten. 15000 polnische Neubürger, unter denen nur wenige Deutsche leben, bestimmen den Charakter der Stadt. In Stolp, das heute ›Slupsk‹ heißt, leben heute noch etwa 600 Deutsche, die für Polen optieren, um den fortgesetzten Verfolgungen zu entgehen... Das kleine Dorf Holm bei Treptow/Rega ist vollkommen verschwunden. Hier und in Dramburg, Gollnow, Rummelsburg, Schneidemühl, Lauenburg und Pyritz werden die Hausruinen abgebrochen und die Steine, Balken und Träger zum Aufbau nach Warschau abtransportiert...« – Nachrichten aus der ›Heimat‹ vom 10.12.1949. Wasser auf welche Mühlen? An jenem Tag, als ich in Florenz gewesen war, sah ich auf den Kopfseiten der italienischen Zeitungen Porträts des polnischen Arbeiterführers Walesa, und in der deutschen Zeitung, die ich kaufte, war auf einer Seite mit Nachrichten aus Bayern ein Foto, das eine

Schlange von Lastwagen zeigte, darunter der Kommentar: »Hilfsgüter für Polen im Wert von 2,5 Millionen Mark haben die elf Lastzüge des Bayrischen Roten Kreuzes geladen, die gestern das DRK-Zentral-Depot Ebenhausen bei Ingolstadt verlassen haben...«

6

Es ist im Dorf immer wieder behauptet worden, daß das gemeinsame Schicksal der Flucht oder Vertreibung und die Notwendigkeit, sich – um zu überleben – in der »neuen Heimat« gegenseitig Hilfe zu leisten, die Bewohner der Siedlung »zusammengeschweißt« habe. Dies zeigt sich auch in dem Ende 1949 laut werdenden Wunsch, die Siedlung selbst zu verwalten. Die Zeitungsberichte darüber dokumentieren auf der einen Seite die Entschlossenheit der Einwohner, auf der anderen Seite die völlig verworrenen Rechtsverhältnisse in bezug auf die Eigentumsansprüche, die der Kreis oder das Land an der Siedlung geltend machte. Trutzhain, so heißt es, sei nicht nur in finanzieller Hinsicht das Sorgenkind des Landes, sondern, politisch betrachtet, auch ein Zwittergebilde. »Ueber die Gebäude verfügt die Liegenschaftsstelle in Marburg, über den Grund und Boden das Kulturamt in Marburg und über die öffentlichen Anlagen der Bund. Das gesamte Areal ist vom Kreis Ziegenhain gepachtet worden, dem somit die direkte Verwaltung obliegt. Trotz der ungeklärten Besitzverhältnisse haben die Flüchtlinge bis jetzt [Juni 1950] 192000 DM in Trutzhain an Bauten investiert... Kommunalpolitisch liegt Trutzhain... in der Gemarkung Steina und gehört zu dieser Gemeinde. Steina hat sich aber, da Trutzhain ohne Ansiedlungsgenehmigung errichtet worden ist, distanziert und ersucht, die Siedlung Trutzhain auszugemarken. Es war daher die

Frage zu prüfen, ob die Siedlung als politische Gemeinde selbständig werden, oder ob sie einer anderen Gemeinde, Niedergrenzebach bzw. Ziegenhain angegliedert werden soll.« Diese Prüfung hat eineinhalb Jahre gedauert und ist, nachdem Niedergrenzebach die Eingemeindung verweigerte und Ziegenhain einen Zuschuß von 500000 DM vom Staat verlangte, nicht ohne politische Auseinandersetzungen verlaufen, die vor allem zwischen der Siedlung und dem Land entbrannten. Denn wovor sich das Land schützte, indem es die Siedlung als ein »kommunalpolitisches Zwittergebilde« bestehen ließ, war die Übernahme der mit Geldzuwendungen verbundenen Verantwortung, die nur zögernd und auf Druck der Siedler an diese übergeben wurde. Als Beispiel kann hierfür eine Passage aus einem Artikel vom 7. Oktober 1949 gelten: »Für den Ausbau der Siedlung (Instandsetzung der Wasserleitungsanlagen, Ausbau zweier Kirchen, Einrichtung einer Schule mit Lehrerwohnung, Anlegung eines Friedhofs und Instandsetzung der Hauptstraße) war vom Landrat mündlich ein Betrag von 97000 DM zugesichert worden, von dem 32000 DM tatsächlich überwiesen wurden. Bei einer späteren Besichtigung Trutzhains zog der Vertreter des Staatsministeriums, Ministerialrat Pähler, diese Zusicherung zurück und stellte statt dessen nur die Inanspruchnahme eines Kredits von 17000 DM in Aussicht. Dabei blieb es trotz mehrmaliger Vorstellung des Landrats.«
Im August des Jahres 1949 hatte sich bereits eine Siedlungsvertretung gebildet, die einen Siedlungsvorsteher wählte, der in den Zeitungsartikeln »Bürgermeister« genannt wird, während die Vertretung folgerichtig als »Gemeindeparlament« bezeichnet wird. Da beide Instanzen jedoch auf einer Art freiwilligen Selbstverwaltung beruhen, haben sie gegenüber Staat und Land keinerlei Anspruch als Rechtsorgan. Den Regierenden muß diese Unmündigkeit der Flüchtlinge nicht mißfallen haben.

Gleichwohl übernimmt der Landrat für sie eine Art Vormundschaft und leitet die Bitten der Siedlungsvertretung weiter. Bei ihrer Wahl hatten sich jeweils zehn Kandidaten der einzelnen Landsmannschaften nominieren lassen, die unter den Namen »Gemeinwohl Trutzhain«, »Heimat« und »Stahl« antraten. »Nach den Bestimmungen der hessischen Gemeindewahlordnung sollen der Siedlungsvertretung sieben Bewohner Trutzhains angehören, die wiederum den Vorsteher der Siedlung, der den Posten eines Bürgermeisters bekleiden soll, wählen werden. Auch werden auf der ersten Sitzung der ersten Siedlungsvertretung die in anderen Gemeinden üblichen Kommissionen wie Schul-, Wege- und Wasserkommission gewählt werden. 193 der insgesamt 358 Bewohner der Siedlung sind wahlberechtigt.«
Die Möglichkeit einer Selbstverwaltung des Ortes muß der Bevölkerung große Hoffnungen gemacht haben und trug nicht nur zu vermehrten Aktivitäten bei, sondern auch zu einem gesteigerten politischen Selbstbewußtsein. Die auf den Seiten 9 bis 20 im Heft der »Entwürfe für die Chronik« eingeklebten Artikel berichten über einen Zeitraum von sieben Monaten hinweg von einer großen Anzahl offizieller Besuche der Regierungsstellen und US-Behörden, von Kircheneinweihungen und Festveranstaltungen, vom Kampf um neue Kredite für Industriebetriebe, um die Behebung von Wohnmißständen und schlechten Verkehrsverbindungen, von der Planung eines Sportplatzes, von der Gründung von Vereinen sowie der Freiwilligen Feuerwehr und von der mit einem gewissen Stolz durch den Sprecher der Siedlungsvertretung vorgebrachten Feststellung, »man erweise der Siedlung Trutzhain einen schlechten Dienst, wenn man die dortigen Verhältnisse immer nur als Massenelend bezeichne... Durch derartige Aeußerungen entziehe man den Bewohnern Trutzhains das Vertrauen, das sie sehr notwendig hätten,

um weiter bestehen zu können. Man dürfe nicht vergessen, daß die hier Angesiedelten wahre Pionierarbeit geleistet hätten.«
Die »Bürgerversammlungen«, auf denen sowohl Kritik wie auch solches Lob vorgetragen werden, finden meist im Saal der Gaststätte ›Mücke‹ statt, in dem auch schon zur Zeit des Stalags die Freizeitveranstaltungen für die Kriegsgefangenen (Theater- und Musikaufführungen) abgehalten wurden. Der Saal ist fast immer überfüllt. Da eine solche Bürgerversammlung als Forum der Meinungsbildung und politischen Verständigung in der kommunalpolitischen Praxis der Siedlung ein Novum war, ist es nicht verwunderlich, daß die erste dieser Zusammenkünfte am 24. November 1949 in der Presse mit einer über die Berichterstattung hinausgehenden Anschaulichkeit dokumentiert wird: »150 der rund 350 Einwohner zählenden jüngsten Flüchtlingsgemeinde Deutschlands, Trutzhain, versammelten sich am Mittwochabend zu ihrer ersten Bürgerversammlung, während der die Diskussionen um die brennendsten Probleme der Gemeinde unter der Leitung des Vorsitzenden Dr. Glowatzki vorbildlich geführt wurden...
Einer der am meisten diskutierten Punkte behandelte den Verkehr zwischen Trutzhain und Treysa. ›Wenn wir unseren Omnibus brauchen, um nach Treysa zu fahren, ist er nicht da‹, rief ein Flüchtling im Lauf der erregten Debatte, in der der Fuhrunternehmer Ragoß angegriffen wurde, weil er in der Zeit von 8 bis 13½ Uhr, die für den Geschäftsverkehr und für die Hausfrauen zum Einkauf am wichtigsten ist, keinen Omnibus verkehren lasse... ›Es ist von größter Bedeutung für die Betriebe Trutzhains, daß man günstig von und nach Treysa gelangen kann‹, rief ein Geschäftsmann. ›Woher nehmen Bahn und Post das Recht, uns hierin Beschränkungen aufzuerlegen und uns sogar zu untersagen, daß wir am Treysaer Bahnhof

einen Omnibus-Fahrplan anbringen, der ihnen nicht zusagt‹, erklärte ein anderer. Die Flüchtlinge beschlossen, sich an den Landrat zu wenden und seine Unterstützung für eine Verbesserung der Verbindung nach Treysa zu erbitten.«
Ich erinnerte mich beim Lesen dieser Passage an meine Ankunft in Treysa im vergangenen November. Der Zeitungsbericht von 1949 schilderte beinahe Zustände, die mehr als 30 Jahre später wieder eingetreten waren. Denn wieder fuhren nur zwei Busse pro Tag nach Trutzhain. Blindlings schien man davon auszugehen, daß jeder sein eigenes Auto besaß, während man um 1950 den Ort als so unbedeutend einschätzte, daß man wohl glaubte, mit ein, zwei Fahrten am Tag auskommen zu können. Ein anderer Unterschied zu damals, so überlegte ich, ist wohl, daß wegen solcher Anliegen heutzutage niemals mehr eine »Bürgerversammlung« einberufen würde und wenn, es käme wahrscheinlich keiner mehr hin und im politischen Sinne würde sie vom Magistrat der Stadt, zu der Trutzhain mittlerweile als Ortsteil gehört, nicht ernstgenommen werden. Dreißig Jahre zuvor wurden viele der auf der Versammlung vorgetragenen Wünsche und Verbesserungsvorschläge angesichts der breiten Öffentlichkeit, die sich im Dorf hergestellt hatte, vom Kreis und vom Landtag erfüllt. Das betraf die Überlassung und Herrichtung des Friedhofsgeländes ebenso wie eine Neuerrechnung des Wassergeldes. »›Die bisherige Berechnung des Wassergeldes wurde nicht von Mathematikern, sondern von ABC-Schützen gemacht. Wie wäre es sonst möglich, daß man von einem armen Familienvater 7 DM verlangt, wo ein großer Betrieb mit hohem Wasserverbrauch nur 20 DM bezahlen soll?‹ wurde der anwesende Bürgermeister... gefragt. ›Wir können nicht 90 % mehr Wassergeld als bisher bezahlen, nur weil der Staat die fest zugesagten Zuschüsse zum Umbau des Wasserwerks nicht auszahlt‹,

wurden Stimmen von anderer Seite laut... Zum Punkt Ausbau der Holzbaracken versprach Kreisbaumeister von Kullwitz, daß bis Weihnachten sämtliche Baracken winterfest gemacht werden, das heißt die Dächer gedeckt, Zwischendecken gezogen und Fenster eingesetzt werden. Die Untermauerung könne man noch nicht vornehmen. Die Instandsetzung aller Baracken von Grund auf koste 45000 DM... Heftige Beschwerde wurde über die schleppende Behandlungsweise bei Kreditanträgen geführt. Acht Monate hätten verschiedene Trutzhainer Geschäftsleute warten müssen, bis sie überhaupt einmal Antwort auf einen Antrag bekommen hätten. Es sei ein Unding, daß man von mittellosen Flüchtlingen Sicherungen bei der Gewährung von Krediten verlange.«

Wie es scheint, war der Kontakt zwischen ›oben‹ und ›unten‹, zwischen der Siedlungsvertretung und den zuständigen Regierungs- oder Verwaltungsbeamten nicht immer gut und kam oft nur auf Druck der Siedler zustande. Die Behörden machten Versprechen, deren Erfüllung sie verschleppten. Oder aber sie verschwiegen sogar Mißgriffe, wie etwa im Winter des Jahres 49/50, als der seit langem geforderte Ausbau der Holzbaracken mangelhaft durchgeführt wurde. »Unser Berichterstatter«, heißt es in einem Artikel vom 10. Januar 1950, »der sich persönlich von den Mißständen überzeugte, mußte dabei feststellen, daß die aus Ripsplatten hergestellten Zwischendecken teilweise bis zu 20 cm durch die Feuchtigkeit und Wasserlast durchgebogen waren. Wie uns auf Anfrage vom Staatsbauamt mitgeteilt wird, waren von diesem Amt für den Ausbau der vorgeschlagenen Baracken insgesamt 185000 DM veranschlagt worden. Tatsächlich sollen jedoch, wie wir vom Landratsamt erfahren haben, 280000 DM vom Finanzministerium der Hessischen Heimstätte für diesen Ausbau zur Verfügung gestellt worden sein.« Bei der Ausbesserung der Baracken wurden aber nicht nur Geldmittel zurückgehalten und die Bewohner geschädigt, sondern außerdem die Unternehmer des Ortes benachteiligt: »Wie der in Trutzhain wohnende Baustoffhändler Heinrich Stahl unserem Berichterstatter erklärte, habe er für den Ausbau Trutzhains von der Hessischen Heimstätte keinen Auftrag zur Lieferung von Baumaterialien erhalten, obwohl eine Verfügung des Finanzministeriums bestand, derzufolge für die Bauausführung, Materiallieferung und andere Arbeiten nach Möglichkeit in Trutzhain ansässige Betriebe herangezogen werden sollten. Lediglich für 130 DM Glas habe er verkauft. Zwei Waggons Zement habe er griffbereit liegen gehabt, trotzdem habe man Zement von auswärts herangeholt... Der ebenfalls in der Siedlung wohnende Fuhrunternehmer Schmitz berichtet, er habe sich wiederholt bemüht, einen Auftrag für Lohnfuhren (wie Schuttabfahren) zu erhalten, immer aber seien dafür von der Hessischen Heimstätte auswärtige Unternehmer herangezogen worden. Dabei habe der Leiter der Außenstelle der Hessischen Heimstätte, Architekt Buck, zu Beginn der Bauarbeiten erklärt, selbstverständlich werde man die Trutzhainer Unternehmer in erster Linie berücksichtigen, das Geld solle schließlich in Trutzhain bleiben.«

7

Mitte des Jahres 1950 taucht in den Berichten über Trutzhain und die Arbeit der Siedlungsvertretung immer dringender die Forderung auf, daß die Siedlung zu einer selbständigen Gemeinde erklärt werden solle. Die Vertriebenen erhofften sich davon, Benachteiligungen besser entgegenwirken oder sie verhindern zu können, die Besitzverhältnisse zu klären, weitere Industriebetriebe anzusiedeln und für Entscheidungen eine rechtliche Grundlage zu schaffen. Andererseits sahen die Bewohner der Siedlung den Ort immer mehr als ihre »neue Heimat« und als »ihre Gemeinde« an, was sich auch in der äußeren Gestaltung der Siedlung niederschlägt. »Mit welchem Eifer die Flüchtlinge an dem Ausbau ihrer neuen Heimat interessiert sind, beweist unter anderem die Einrichtung eines Arbeitsdienstes, dem alle Männer über 14 Jahre angehören. In 4 Arbeitsstunden im Monat wurden bisher der Schulplatz und ein Gemeindeplatz geschaffen sowie beachtliche Aufräumungsarbeiten geleistet. Als nächste Aufgabe ist die Errichtung einer Autobushaltestelle an der Hauptverkehrsstraße vorgesehen.« Gleichzeitig werden mit der Anerkennung als selbständige Gemeinde hohe Ziele verbunden: »Weittragende Pläne sehen Wohnungsneubauten vor, die vorwiegend für Fachkräfte einer heranzuziehenden Industrie gedacht sind. Vorbedingung dafür wäre allerdings, daß auch diese Facharbeiter Flüchtlinge sind. Man läßt sich dabei von dem Gedanken leiten, daß Voraussetzung für eine Industrialisierung Wohnungsbauten sind. Trutzhain zählt zur Zeit 500 Einwohner. Es besteht nach Ansicht der Siedlungsvertreter die Möglichkeit, in Trutzhain für 1500 Einwohner Arbeitsmöglichkeiten zu schaffen.« Nachdem der Landrat sich der Sache annimmt und eine Kabinettsvorlage ausarbeitet, wachsen im Dorf die Hoffnungen, daß in 3 bis 4 Monaten mit der Selbständigwerdung als Gemeinde zu rechnen sei.

Da kommt es im August des Jahres 1950 zu einer Reihe von Ereignissen, die einen Keil zwischen Landratsamt und Siedlungsvertretung treiben und nicht nur das Verhältnis zu den Behörden, sondern die Gemeindewerdung wenn nicht in Frage stellen, so doch hinauszögern. Denn am 15.8. tritt, mit der Begründung beruflicher Überlastung, der Siedlungsvorsteher zurück, und die Einwohner bereiten sich darauf vor, einen neuen Siedlungsvertre-

ter zu wählen. Der Landrat aber setzt an die Stelle des alten »Bürgermeisters« einen kommissarischen Leiter, den ortsfremden Flüchtlingsvertrauensmann Paul Ittner.
Aufgrund dieser Entscheidung entsteht im Dorf eine wahre Protestbewegung. Die Zeitungsartikel häufen sich und berichten beinahe täglich von den als »dramatisch« bezeichneten Geschehnissen in der Siedlung. Am 15. August heißt es, daß durch die »gewählte Siedlungsvertretung gegen die beabsichtigte Einsetzung eines kommissarischen Leiters durch die Kreisverwaltung Einspruch erhoben wurde. Die Siedlungsvertretung sei sich im klaren, daß im Zuge des derzeitigen Aufbaus nur eine mit den Gegebenheiten vertraute Persönlichkeit die Interessen der Siedlung mit Erfolg vertreten könne. Die Siedlungsvertretung führe die Geschäfte bis zur Neuwahl eines Siedlungsvorstehers weiter.« Am selben Abend findet eine öffentliche, als »turbulent« bezeichnete Gemeindeveranstaltung statt, auf der eine Entschließung gegen die geplante Maßnahme des Landrats von den Anwesenden unterzeichnet wird. In der anschließenden Diskussion wurde erklärt, die Kreisverwaltung habe bisher keinen guten Willen gezeigt, der Siedlung wirklich zu helfen. Die Einsetzung eines kommissarischen Leiters wurde von den Anwesenden als eine »diktatorische Maßnahme« bezeichnet. Am 17.8. wird von einer »Zuspitzung im Trutzhainer Konflikt« berichtet. Trotz eines von einer Abordnung der Siedlungsvertretung persönlich vorgetragenen Protestes gegen die Verfügung des Landrats, lehnt dieser die Rücknahme seiner Entscheidung ab.
Am 18.8. heißt es unter der Überschrift »Ruhe ist die erste Bürgerpflicht«, daß der kommissarische Siedlungsvorsteher sein Amt angetreten habe. Er erklärt dem Berichterstatter, »daß er den ihm vom Landrat erteilten Auftrag angenommen habe und ihn auch durchführen werde... Die zweifellos in Trutzhain vorhandenen

Schwierigkeiten hoffe er in Zusammenarbeit mit der Siedlungsvertretung überbrücken zu können, zumal diese weniger gegen seine Person als vielmehr gegen die Tatsache, daß er als kommissarischer Siedlungsvertreter eingesetzt sei, protestiere.«
Am 20. August wendet sich das Blatt plötzlich. Der Kreistagsabgeordnete Stahl schaltet sich ein und verkündet auf einer Bürgerversammlung, die Tätigkeit des kommissarischen Siedlungsvertreters sei nur vorübergehender Natur. Die anwesenden Trutzhainer veranstalten in der überfüllten Gaststätte ›Mücke‹ sogleich eine Probewahl und geben einem ehemaligen Bürgermeister aus dem Sudetenland, Karl Jacksch, ihre Stimmenmehrheit. Außerdem wird »in einer fast einstimmig angenommenen Entschließung erklärt, daß sich der kommissarische Siedlungsvorsteher Paul Ittner zu beleidigenden Äußerungen über die in Trutzhain ansässigen Heimatvertriebenen habe hinreißen lassen, und gefordert, daß der Kreisverband der Heimatvertriebenen in Neukirchen Ittner einen Verweis erteilen soll. Ittner wird ferner vorgeworfen, den Interessen der in Trutzhain wohnhaften Heimatvertriebenen entgegengewirkt zu haben.« Am darauffolgenden Samstag wird Karl Jacksch zum neuen Siedlungsvorsteher gewählt und vom Landrat im Amt bestätigt. Schon drei Tage später, am 29. August, befürwortet der Regierungspräsident in Kassel eine eigene Ortsverwaltung von Trutzhain und leitet einen entsprechenden Antrag an die Regierung in Wiesbaden weiter. In dieser Kabinettsvorlage wird nochmals die kurze und gleichwohl ereignisreiche Geschichte des 47 Hektar großen Ortes mit der nötigen Sachlichkeit amtlicher Schreiben geschildert:
»Ausgangspunkt der Siedlung ist das im September 1939 in der Gemarkung Steina an der Landstraße I. Ordnung Ziegenhain-Neukirchen errichtete Stammlager für

Kriegsgefangene (Stalag IXa). Nach wechselnder Belegung mit Zivilinternierten und jüdischen Zwangsverschleppten während der Nachkriegszeit beabsichtigten die US-Militärbehörden, in dem damals verwahrlosten Lager ein Anhaltelager für illegale Grenzgänger und geschlechtskranke weibliche Personen einzurichten. Um eine derartige unproduktive Verwendung zu verhüten, regte der Kreis Ziegenhain an, das Lager zur Notunterbringung von Flüchtlingen freizugeben. Im Frühjahr 1948 wurden dann die ersten Flüchtlinge in das Lager, das nach einer alten Flurbezeichnung den Namen ›Trutzhain‹ erhielt, eingewiesen. Im Verlaufe von 1½ Jahren sind in der Siedlung Trutzhain mehr als 500 Heimatvertriebene ansässig geworden: 8 Industriebetriebe, 27 Gewerbebetriebe und 5 Handelsunternehmen sind eingerichtet worden. In den 8 Industriebetrieben werden z. Zt. 135 Personen beschäftigt. Die Gebäude der Siedlung bestehen aus Baracken und zwar 15 ehemaligen Reichsarbeitsdienstbaracken aus Holz, die teilweise bewohnt sind, und 38 Massivbaracken, die teils als Wohnungen, teils gewerblichen und industriellen Zwecken dienen... Die Verwaltung der Siedlung wird schon seit einiger Zeit durch eine von den Siedlern gewählte Siedlungsvertretung und einem von dieser bestellten Siedlungsvorsteher wahrgenommen. Diese Einrichtungen stehen außerhalb des Gesetzes. Sie sollen nunmehr durch die Bildung einer selbständigen Gemeinde abgelöst und die Verwaltung auf eine einwandfreie rechtliche Basis gestellt werden.«

Am 21.12.1950 wird diesem Antrag im hessischen Landtag stattgegeben und am 1.4.1951, einem Sonntag, an dem auch die erste Trutzhainer Gemeindevertretung gewählt wird, begrüßt der Landrat die Einwohner des Ortes in einem Aufruf als die »Bürger und Bürgerinnen der 79. Gemeinde« seines Kreises. Am 20.4. schließlich, an diesem »entscheidungsreichen Tag für unsere Gemeinde«, wie es in der Schulchronik des Lehrers heißt, wird Albert Dressler, dem ersten Bürgermeister von Trutzhain, das Amtssiegel übergeben.

»Bei der Namensgebung des neuen Dorfes«, heißt es zehn Jahre später in einem Rückblick auf die Gründung der Gemeinde, »erinnerte man sich der alten Ortschaft (Trautzhain), und so wurde der Name TRUTZHAIN im Laufe der Entwicklung zum Symbol für den Lebenswillen seiner Bewohner. Erinnert er doch an das Dichterwort: ›Allen Gewalten zum Trotz sich erhalten, niemals sich beugen, kräftig sich zeigen, rufet die Arme der Götter herbei...!‹«

FOTOS

Viele der mir vorliegenden Aufnahmen von Trutzhain stammen aus einer Zeit, die ich selbst nicht bewußt miterlebt habe. Gleichwohl gibt es in jedem von ihnen Details, die mir vertraut sind und die ich noch immer identifizieren kann. Die anderen Details habe ich durch langes Hinsehen oder dadurch kennengelernt, daß ich mich in die Fotos allmählich hineingesehen habe. Immer wieder habe ich mir die Aufnahmen angeschaut, immer wieder habe ich etwas Neues entdeckt. So sind mir die Fotos zu Bildern geworden und die Bilder zu Beschreibungen, in denen ich das festhalte, was ich nicht vergessen möchte: die Menschen, die Gegenstände, die Räume.

I

Die Hauptstraße

Aus der Zeit der Besiedlung des Lagers sind einige Aufnahmen erhalten geblieben, die vor allem die Hauptstraße zeigen und damit zugleich die für den Ort charakteristische Ansicht. Denn die Hauptstraße ist sein Zentrum. An ihrem Anfang zu stehen bedeutet, in den Ort hineinzublicken und ihn in seiner geschichtlichen Eigenart zu erfassen. Darüber hinaus zeigen die in aufeinanderfolgenden Jahren gemachten Fotos seine Entwicklung.

Der Wachturm, so wie er bis 1949 mitten auf der alten Lagerstraße stand, ist nur noch auf einem der mir vorliegenden Fotos aus der Zeit der Flüchtlingssiedlung zu sehen. Die ersten Bewohner des Dorfes hatten ihn wahrscheinlich nicht gern gehabt, denn er muß sie wie ein Wahrzeichen ständig an das Kriegsgefangenenlager und somit auch an den Krieg erinnert haben. Außerdem stand er mitten auf der am Anfang etwas verbreiterten Hauptstraße, etwa 80 bis 100 Meter vom Dorfeingang entfernt, und versperrte den Fahrzeugen den Weg. Gleichwohl sieht er auf dem Foto eindrucksvoll aus. Da ich aus den Aufzeichnungen des Lehrers weiß, daß die Massivbaracken im Durchschnitt eine Höhe von 4,70 m hatten, schätze ich, daß der Turm bei einer quadratischen Grundfläche von etwa 3,50 m mindestens doppelt so hoch war wie die Barackengiebel. Der obere, verschalte Teil des Turmes stand auf einem Balkengerüst, das auf Betonsockeln ruhte. Eine dem Dorfeingang zugekehrte Holztreppe führte, seine linke Seite umgehend, zum Wachraum, der ringsum je zwei unterhalb des flachen Daches liegende großflächige Fenster besaß. Unter dem Ost- und Südfenster befanden sich die Uhren, die heute in gleicher Ausrichtung auf dem Feuerwehrturm angebracht sind. Ihre Zeiger und Stundenmarkierungen wirken wie verdickte, ungeschlachte Pfeilenden. Aus dem Dach, das nach allen Seiten über den Turm in die Breite der Treppe hinausstand, streckte sich ein Mast, an dem bis 1945 die Hakenkreuzfahne flatterte. Ganz undeutlich ist noch an der dem Dorfeingang zugekehrten Bretterwand eine Tafel zu erkennen, auf der ein Spruch oder der Name des Lagers gestanden hatte, darunter ist die Ziffer 1 aufgemalt. Die Fotografie ist von der linken Seite der Straße aus aufgenommen worden und zeigt die Giebelseiten zweier auf der anderen Seite stehenden Baracken. Die vordere Baracke hat (genau wie die beiden ihr gegenüberliegenden) ein um 3 Meter vorgezogenes Dach und gehörte (wie jene anderen) zur Zeit des Stalags zu den deutschen Wachlokalen. Die hinter den Giebel zurücktretende Fachwerkfront hat in der Mitte eine über Treppenstufen zu erreichende Tür, rechts davon sind an der Wand S-förmige

Zeichen zu erkennen, die vielleicht noch von den jüdischen Zwangsverschleppten herstammen. Die Nachbarbaracke ist auf der Frontseite halb von Büschen verdeckt. Aber auf ihrer Südseite kann man das erste Fenster sehen: sein Kreuz ist herausgebrochen und es wirkt wie ein rechteckiges, schwarzes Loch. Der Raum dahinter ist unbewohnt. Über die Barackendächer hinaus ragen nur der Turm, Pappelspitzen und Telegrafenstangen. Zwei der Rotdornbäume, von denen die gesamte ehemalige Lagerstraße gesäumt war, stehen vor der Baracke mit dem Vordach. Sie sind, vom Westwind gedrückt, dieser entgegengeneigt. Ein Mann im weißen Arbeitskittel ist gerade an ihnen vorbeigegangen und hält auf die Baracke zu. Hinter dem Turm ist ein Schatten von der Gestalt eines Kindes mit einem Wägelchen zu sehen. Die Lageruhr zeigt auf ein paar Minuten nach halb zwei. Das Foto ist so still, daß ich den Eindruck nicht loswerden kann, die Uhr sei absichtlich stehengeblieben, damit der Fotograf seine Aufnahme machen kann.

Zwei Kinder mit angelegten Armen, gerade stehend, zwei Mädchen auf gleicher Höhe, aber mit ein paar Metern Abstand zueinander, das eine im hellen Kleid fast in der Mitte der Straße, das andere, kleiner, im dunklen Schürzenrock, sehen mich unverwandt an. Diese Aufnahme ist fast von der gleichen Stelle aus gemacht worden wie die vom Wachturm, nur mehr von der Mitte der Straße her, die man bis an ihr Ende sehen kann, denn der Wachturm ist verschwunden. Gleichwohl scheint das Foto aus demselben Jahr zu stammen, denn jenes Seitenfenster der zweiten sichtbaren Baracke ist noch immer ein dunkles Rechteck, ohne Fensterkreuz, ohne Glas, einfach nur offen und leer. Dieses Foto mit den zwei Mädchen und der ohne Wachturm wie abgeräumt wirkenden Straße gehört zu einer Postkarte.

Die erste Postkarte der Siedlung besteht aus zwei Fotos. Auf der Rückseite der Karte steht: »Trutzhain Kr. Ziegenhain Hauptstraße Ortseingang«. Das obere Foto zeigt die Hauptstraße mit den beiden Mädchen, die lange Flucht der Barackengiebel. Das darunterliegende Foto ist von jenseits der Landstraße aufgenommen, der Standpunkt des Fotografen war weiter nördlich und die Kamera ist auf die linke Seite der Hauptstraße gerichtet. Aber immer noch ist das Mädchen mit dem hellen Kleid zu sehen, wenn auch ganz weit entfernt. Zur Mitte des Bildes läuft, aus seinem linken Rand kommend, eine Art Palisadenzaun, durch den die Baracke halb verdeckt wird. Unweit des Zaunendes parkt am Straßenrand ein alter Opel, vielleicht das Taxi des Dorfes, mit dem meine Mutter gekommen war. Dahinter ist eine Straßeneinmündung zu sehen und der vordere Teil der zweiten ehemaligen Wachbaracke mit ihrem vorgezogenen Dach. An dem ersten der vier Holzpfeiler, von denen es getragen wird, sind Schilder angebracht. Ein anderes Schild steht rechts am Ortseingang, am Ende des Pfahlzauns. Darauf steht in der Schrift alter Bücher »Trutzhain« und am unteren Schildrand klein »Ziegenhain«; dazwischen sind Schriftzüge ausgewischt oder überstrichen worden, denn dort hatte zuvor das Wort »Flüchtlingssiedlung« gestanden. Wenn der Blick zur Straße zurückkehrt, sieht man wieder das Mädchen still dastehen, mit geschlossenen Beinen, in einem hellen Kleid und so aufrecht und fest wie der überlange, kerzengrade aufragende Flaggenmast, der parallel zu ihr auf der anderen Straßenseite steht. Er trennt zwei Wolkenberge, die, je länger ich auf das Bild sehe, langsam nach Norden zu ziehen scheinen.

»Goldgräber« – Ein anderes Foto zeigt beinahe die gleiche Situation, den Ortseingang und die Reihe der Baracken auf der linken Seite der Hauptstraße. Allerdings ist es einige Jahre später entstanden und liegt mir nur als Zeitungsabdruck vor. Vergleicht man es mit jenem von der Postkarte, entsteht der Eindruck, als wäre das Dorf in der Zwischenzeit gereinigt und renoviert worden. Die Baracken sind gestrichen, deutlich treten die Verstrebungen des Fachwerks hervor, die Holzpfeiler der Vordächer sehen aus, als hätten sie Verzierungen erhalten, der Bürgersteig ist durch Bordsteine von der Straße abgesetzt, die Rotdornbäume sind geschnitten und tragen kugelrunde Häupter, der Fahnenmast ist weiß lackiert. Hinter ihm ragt der 15 m hohe Turm des Feuerwehrschuppens auf. Wuchernde Büsche sind verschwunden und unter dem Vordach der Wallisch-Baracke glänzen vom Widerschein des Lichts neu eingesetzte Fensterscheiben, vor denen ein abgestelltes Fahrrad steht. Auf der sonst belebten Straße ist kein Mensch zu sehen, als hätte es der Fotograf so angeordnet, damit der Blick durch nichts gestört wird. In dieser sonntäglichen Klarheit, in der der Ortseingang daliegt, macht er einen kulissenartigen, fremden Eindruck, den der zweite, 1950 ins Dorf gekommene Lehrer in einem der Schulchronik beigehefteten Brief beschreibt: »Als ich Anfang Februar von der Regierung in Kassel den Auftrag bekam, die 2. Lehrerstelle in Trutzhain zu besetzen, suchte ich vergebens auf sämtlichen mir zur Verfügung stehenden Landkarten nach diesem Ort. Auf dem Schulamt in Ziegenhain wurde ich schnell über Lage und Struktur des Ortes belehrt. Nach halbstündigem Marsch bei einem steifen Nordost sah ich die Siedlung links der Straße nach Neukirchen vor mir liegen. Ich hatte früher eine ganze Reihe Wildwestromane gelesen. Genauso hatte ich mir immer eine Goldgräberstadt vorgestellt. Niedrige Stein- und Holzbaracken zogen sich einen flachen Hang

hinan, für den Augenblick gebaut, nicht für die Dauer. Nun, in Trutzhain lag das Gold wirklich nicht auf der Straße, hier ging es um das nackte Dasein, soviel hatte ich bald heraus ...«

Knickerbocker – Aus dem Jahre 1953 stammt ein Foto, das die Hauptstraße von ihrem anderen Ende zeigt, aufgenommen auf dem Wendeplatz, mit dem die Straße damals nach einem leichten Anstieg den Hügel hinauf ihre höchste Stelle erreichte. Sie wirkt auf dem Bild, gesäumt von den Bäumchen in dichtem Laub, endlos und scheint sich im Dunst des Horizonts aufzulösen. Kein Mensch, kein Fahrzeug ist auf der Straße zu sehen. Nur im Vordergrund des Fotos, dort wo der Wendeplatz beginnt, stehen zwei Männer, die sich unterhalten. Der ältere von ihnen hat eine Schirmmütze auf und hält an der Hand ein kleines Kind in einer Latzhose, das an sich hinunter auf den Boden blickt. Der andere Mann ist mittleren Alters. Er hat seine Hände in die Taschen seines Jacketts gesteckt, wodurch sich im Stoff von den Schultern her lange Falten gebildet haben. Er trägt weite, wie Pumphosen aussehende Knickerbocker und Schuhe, die ihm viel zu groß zu sein scheinen. Der Mann lächelt. Die Bildunterschrift weist ihn als den damaligen Bürgermeister des Dorfes aus. Es ist mein Vater.

2

Innenräume

Der Innenraum einer Fachwerkbaracke, so wie ihn die Flüchtlinge bei ihrer Ankunft im Lager vorgefunden haben, ist noch auf einem Bild zu sehen. Im ersten Moment müssen sie von dem langgestreckten, hallenartigen Raum

entsetzt gewesen sein, weil er aus nichts anderem bestand als aus einem Dach, aus Wänden und einen Fußboden. Dann aber haben sie ihn gleich nach ihren Bedürfnissen beurteilt und daran gedacht, wie es zu bewerkstelligen wäre, abgeteilte Räume zu schaffen, Zimmer, Küchen, Flure. Denn zugleich hinterließ die Größe des Barackeninnenraums in ihren Vorstellungen ein beinahe verschwenderisches Gefühl von ›Platzhaben‹.
Das Bild zeigt den vorderen Raum der späteren Kirchenbaracke und erfaßt ihn wegen seiner Breite nur zur Hälfte, wohl aber in seiner etwa 20 Meter messenden Tiefe. Er hat tatsächlich etwas Kirchenähnliches, da er sich in einen breiten Mittelraum und zwei ›Seitenschiffe‹ aufteilt. Der Boden besteht aus stellenweise herausgerissenen Dielen, die die Fluchtlinien des Fotos nachzeichnen. Das Dach ist von einer Balkenkonstruktion getragen. Etwas in den Mittelraum hineinragend, stehen zwei Kaminschlote mit dunklen Ofenrohröffnungen. Hinter dem vorderen dieser Kamine erkennt man noch Teile einer Trennwand aus Brettern, aus der ein Türrahmen ausgeschlagen worden ist. Die Fenster sind helle leere Vierecke, durch die Sonnenlicht fällt. Es bescheint aus den Wänden gebrochene Steinstücke und Staub. Einige Innenräume der Fachwerkbaracken sind bis heute in dieser Ungeteiltheit belassen worden, da man sie als Fabrikhallen benutzte. Andere sind als Wohnungen ausgebaut (1950 waren es 78, heute mögen es doppelt soviele sein). Auch die dort entstandenen Zimmer sind groß und übersichtlich.

Es existiert auch noch eine Serie von insgesamt fünf sehr kleinen quadratischen Fotos, die vor der Gemeindewerdung Trutzhains zur Beweisvorlage des schlechten Zustands der Wohnungen in den Holzbaracken aufgenommen wurden, um damit die Landesregierung zur Freigabe von Krediten und Unterstützungen zu überreden.

Eines davon zeigt nichts als ein Fenster, vor dessen Scheiben eine gitterartige Gardine gespannt ist. Es wird nur durch Sperrhaken im Rahmen gehalten. Das Fensterbrett ist schief, wie eingebrochen. Seitlich hängen vom Regenwasser fleckig gewordene Vorhänge. Durch die Gardine hindurch sind undeutlich Teile eines kahlen Baumes zu erkennen. Die Erde vor der Baracke ist weiß. Es liegt Schnee. Unter dem Fenster sind hell gestrichene Holzbretter. Es ist ein Winterbild, in dem die Kälte innen wie außen ist. Man sieht von innen durch gitterartige Vorhänge wieder nach innen. Wand und Fenster trennen die gleiche Luft und das gleiche Licht, wie ein durchscheinender Paravent. Die Flüchtlinge wohnen diesseits und jenseits.

Ein anderes Bild aus dieser Serie ist die Aufnahme einer Küche in einer der Holzbaracken. Im Vordergrund erstreckt sich die Platte eines mit einem Wachstuch überdeckten Tisches. Ungeordnet sind darauf einige Gegenstände verteilt: in der Mitte ein Aschenbecher, an der Kante verstreute Zettel, ein aufgeschlagener Schreibblock, neben einer weißen Tasse ein Teelöffel und ein Messer. Zwei Stuhllehnen ragen über die Tischseiten hinaus. Ein anderer Tisch steht an der rechten Außenwand. Man erkennt den Knauf einer Schublade. Daneben ist ein niedriges Regal, auf dem ein Elektrokocher mit zwei Platten steht. Im rechten Winkel dazu ist ein Kohlekochherd an die Wand gerückt worden, aus dem das Ofenrohr sich senkrecht zur Decke zieht, hindurchstößt, um über dem Dach herauszuschauen, gegen Regen mit einem zylindrischen Deckel abgedeckt. Auf dem Herd stehen eine große flache Blechschüssel, ein schwarzer schwer wirkender Kochtopf und eine Kaffeekanne mit einem Muster, das an die Winkel auf den Schulterklappen eines Soldaten erinnert. Über den Ofen ist von einer zur anderen Eckwand

ein Stück Schnur gespannt, über dem zwei Handtücher und ein Geschirrtuch hängen. Links vom Ofen ist ein vorgeklappter Spiegel angebracht, in dem ein Stuhlrücken und die Seitenkante des Tisches mit dem über der Ecke Falten schlagenden Tischtuch erscheinen.
Ich habe dieses Foto gern. Es ist immer noch etwas mehr darauf zu erkennen, nachträglich, wenn ich glaube, schon alles gesehen zu haben. Bewegung ist in dem Bild und Dinge sind darauf zu sehen, die jeden Tag gebraucht werden. Das macht sie selbstverständlich und einfach. Eine Bedeutung ist nirgends zu entdecken. Das Zimmer ist eine Behausung. Die Handtücher über dem Herd sind trocken geworden und können abgenommen werden.

Ein drittes Foto zeigt einen winzigen Raum, die Wände ähneln einem Bretterverschlag. In dem Raum befindet sich nichts anderes als ein schräg in einer Ecke stehender Fußschemel, darauf ein Zinkblecheimer. Der kleine Raum ist ein Abort, der Eimer das Klo. Ich lese, von dem Foto wegsehend, in einem daneben liegenden, aus der gleichen Zeit stammenden Zeitungsbericht: »... mehr als ärmliche Behausungen, und man muß Bewunderung bei den mutigen Worten einer Flüchtlingsfrau empfinden, wenn sie mit einer freundlichen Geste ihrer verarbeiteten Hand zum Eintritt in ihre ›Villa‹ einlädt und dabei sagt: ›Wir haben ein Dach über dem Kopf, sollen wir da nicht froh sein?‹ In der gegenüberliegenden Baracke wohnt ein Flüchtlingsbauer mit seinen zwölf Kindern, der früher in Polen einen großen Hof hatte. Die Räume sind fast leer, die wenigen Möbel uralt und teilweise nur geliehen. Hinzukommt, daß die Familie fast nur von Unterstützung lebt, denn der Vater und seine ältesten Söhne sind schon geraume Zeit arbeitslos, so daß in absehbarer Zeit keine Möbel, Kleidung und Gerätschaften angeschafft werden können. Was das mit sechs, noch im Wachsen befindlichen Kindern bedeutet, kann jeder ermessen...« Jeder ermessen? Ich sehe den Zinkeimer und den Fußschemel und denke daran, ob es sich bei diesem Familienvater um jenen Mann handelte, den man, wie man mir im Dorf erzählte, zweimal vom Strick schneiden mußte. »Die Menschen in dieser sogenannten ›Altstadt‹ von Trutzhain«, lese ich weiter, »sind sehr bescheiden geworden: Eine Wasserleitung vor dem Haus gilt als Luxus. Aborthäuser liegen oft mehrere hundert Meter weit entfernt...« In der Dorfchronik findet sich eine Abbildung von einem dieser im westlichen Teil des Ortes aus Holz gebauten Aborthäuser. Es sieht aus wie ein Schuppen. Unter dem Foto steht handschriftlich geschrieben: »Der Zwölfzylinder«.

3

Begehungen

Seit den Jahren 1952/53 stabilisiert sich die Lage in der neuen Gemeinde. Die Zahl der Familien, die noch in Holzbaracken wohnen müssen, nimmt ab. Die »Altstadt« wird nach und nach abgerissen. An die Stelle der Holzbaracken werden Zweifamilienhäuser gebaut. In den Baracken, die in diesem westlichen Teil des Dorfes bestehen bleiben, sind Lager und Handwerksbetriebe. Wer von den Kleinunternehmern die schwierigen Anfangszeiten überstanden hat, baut aus. Auf einem unbebauten Gelände an der Kohlenstraße werden Vierfamilienhäuser errichtet. Der Plan zum Bau eines Dorfgemeinschaftshauses ist genehmigt. Die Fotos werden größer, verlieren die gezackten Ränder, die Unschärfe und ihren grauen Schimmer. Die Typen des Zeitungssatzes springen nicht mehr aus der Zeile, es gibt wieder das große Ä, Ü und Ö. Das Dorf bekommt eine Straßenbeleuchtung, die Straßen werden begradigt und manche geteert.

Eine Gruppe von etwas mehr als 15 Männern trifft sich vor dem Bürgermeisteramt. Es ist ein Tag im Frühjahr 1954, die Sonne steht niedrig am Morgenhimmel und erzeugt lange, scharfumrissene Schatten. Die Oberfläche der Straßen ist ledrig, kalt. Bis über die Knie reichen die Wollmäntel der Männer, zwischen den Revers leuchten die weißen Hemdkrägen hervor, geteilt von dunklen Krawatten. Alle tragen Hüte, und der einzige Bauer des Dorfes hat bei seinem Hut die Krempe heruntergeklappt, als müßte Regen schnell abtropfen können. Der Ministerpräsident ist zu Besuch gekommen, der Landrat ist da, der Bürgermeister und die Mitglieder der Gemeindevertretung. Die Gäste werden auf einem Rundgang durchs Dorf geführt, um ihnen zu zeigen, was aus dem Flüchtlingslager geworden ist, um für die geleistete Hilfe zu danken und darauf hinzuweisen, daß sie noch nicht ausreicht, daß noch viel getan werden muß, denn dieser Betrieb hat Sorgen und jene Straße müßte längst gemacht worden sein, und hier, die Baracken, sollten endlich verschwinden...

Sie sind am Ende der Königsberger Straße angelangt (Foto 1), der Bauer hängt etwas nach, die anderen biegen schon in die Ziegenhainer Straße ein, unterhalten sich über die sogenannte »Altstadt«, und der Bürgermeister zeigt in Höhe des Seilerwegs auf eine Baracke (Foto 2), in der er ganz zu Anfang mit seiner Familie untergekommen war. Bevor sie in die Reichenberger Straße einbiegen, verzögern die Männer ein wenig, der Landrat hat eine Frage gestellt, dann geht es weiter, die Männer der SPD-Gruppe im Gemeinderat sondern sich etwas ab (Foto 3), über ihren Köpfen sieht man die Dächer der Holzbaracken mit den wie Pfeifen herausstehenden Schornsteinen und in der

Verlängerung der Ziegenhainer Straße treten jenseits der Felder deutlich und klar die ersten Bauernhäuser des Nachbardorfs Steina hervor. Die Männer haben die Reichenberger Straße erreicht und eines der ersten Häuser angesehen, das mit den Mitteln der Hessischen Heimstätte gebaut wurde, und solche sollte es noch viele geben, sagt der Bürgermeister (Foto 4). Dann machen sie einen weiten Bogen, gehen ein Stück die Hauptstraße hinauf, folgen der Posener Straße nach Norden und sehen sich an der Sudetenstraße die Rohbauten an, die mit ihren fensterlosen Löchern wie ausgebombt wirken (Foto 5). Aber man könne gut sehen, was daraus werde, sagt einer der Gemeindevertreter und deutet auf die großen Vierfamilienhäuser am Anfang der Kohlenstraße (Foto 6). Die Männer setzen ihren Weg fort, wenden einander die Köpfe zu, reden miteinander, bleiben kurz vor der Seifenfabrik stehen und der Landrat will von einem Gemeindevertreter wissen, wie es dem Petters jetzt gehe und wie das damals gewesen sei mit der fahrlässigen Brandstiftung. Während der Gemeindevertreter erklärt, was er noch weiß von damals, fünf Jahre sei das ja schon her, winkt der Fotograf der Kreiszeitung den Männern, die inzwischen die Höhe der Koucky-Baracke erreicht haben, zu, sie sollten alle mal herschauen und lächeln (Foto 7). Danach passieren sie das Spritzenhaus und die ehemalige Lageruhr zeigt gerade ½11 (Foto 8), bis sie wieder vor der Baracke ankommen, in der der Bürgermeister sein Büro hat. Da wird er von dem Fotografen gebeten, sich mit dem Ministerpräsidenten etwas abseits zu stellen für ein weiteres Pressefoto (Foto 9). So, das wärs, sagt der Fotograf und bedankt sich. Allmählich verabschieden sich die Männer voneinander, nicht ohne sich vorher noch einmal gegenseitig versichert zu haben, daß man sich bei der Einweihung des Dorfgemeinschaftshauses wiedersehen werde.

4

Das Richtfest

des Dorfgemeinschaftshauses wäre beinahe ins Wasser gefallen. Doch bevor der Bürgermeister seine Rede hält, hört es endlich auf zu regnen. Deshalb steht er jetzt mit entblößtem Kopf da, hält die Hutkrempe zwischen den Fingern und sieht auf einen Zettel. Unter den Stichworten, die dort notiert sind, hebt sich deutlich eine Reihe von Zahlen ab. Sie beweisen, wieviel die Bürger von Trutzhain zur Entstehung und Errichtung dieses Hauses beigetragen haben. Am 2. April 1954 war deshalb eine Satzung über »persönliche Dienste und Leistungen« unter der Überschrift »Hand- und Spanndienst« vervielfältigt und verteilt worden, derzufolge die Bürger zur Mithilfe bei öffentlichen Aufgaben gesetzlich verpflichtet sind. 428 Stunden wurden von den Trutzhainern aufgewendet, um die Baugrube gemeinschaftlich auszuheben. Arbeit im Wert von mehr als 11000 DM haben sie auf diese Weise beigesteuert, damit das Haus, das allen gehören und für alle als Mittelpunkt des dörflichen Lebens da sein soll, gebaut werden konnte.

Der Bürgermeister steht in der Auffahrt zum Dorfgemeinschaftshaus auf dem eingeweichten, von Pfützen übersäten Weg, und hält seine Ansprache. Vor ihm liegt in Richtung des Hauses über dem aufgeweichten Weg ein langes Vierkantholz wie ein Schwebebalken. An den Wegrändern, vor dem Eingang zur Schmitz-Baracke und auf der Königsberger Straße stehen die Zuhörer: die Männer halten ihre Hüte in den vorm Schoß zusammengelegten Händen, während einige Frauen noch immer ihren Regenschirm aufgespannt haben. Alle stehen still, nicht weil das Foto sie festhält, sondern weil sie hinhören.

Der Fotograf ist zu den Zimmerleuten auf den Dachstuhl gestiegen. Er macht eine Aufnahme von ihnen, wie sie halb verdeckt zwischen dem Gebälk stehen. Auf dem Giebel wehen die Fähnchen des Richtkranzes. Dann richtet der Fotograf seine Kamera nach unten und macht einige Bilder von den Versammelten. Durch den erhöhten Standpunkt erfaßt ein Foto einen großen Teil des Barackendaches der Gastwirtschaft Schmitz und sogar noch den vorderen Teil der benachbarten, etwas zurückversetzten Holzbaracke. Ihre Bretterwände sind längst durch Steinmauern ersetzt, um Garagen einzurichten. Zu Lagerzeiten hatte sich in der Baracke die Küche der deutschen Wachmannschaften befunden, während sie in den Fünfzigerjahren als Schlachthaus für die Fleischerei am Dorfeingang diente.
An dieser Schlächterei bin ich als Kind oft vorbeigekommen, schon frühmorgens manchmal, wenn ich einen anderen als den üblichen Weg zur Schule nahm. Dann dampfte es aus dem geöffneten Seitentor, in Holzzubern lagen gerade erst getötete Schweine, deren Schwarte abgeschabt und abgespritzt wurde. In der Mitte des bis zum Dachgiebel offenen Raumes hingen an einem Flaschenzug die schon ausgenommenen Leiber zum Ausbluten. Der Dampf, an den ich mich genauso deutlich erinnere wie an das eindringliche Quieken der Tiere und an den kurzen dumpfen Schlag des Druckgewehrs, mit dem sie getötet wurden, war nichts anderes als die Körperwärme, die sie, langsam auskühlend, abgaben.

DAS DORFGEMEINSCHAFTSHAUS

I

Mein Weg zur Schule führte gewöhnlich am Dorfgemeinschaftshaus vorbei, das von Westen her gesehen auf der linken Seite der Königsberger Straße zwischen dem Haus des Elektrikers und der ehemaligen Postbaracke steht. Es ist immer noch das größte Bauwerk des Dorfes und nimmt im Ortsbild dadurch eine Position ein, die sonst Ämtern oder Banken vorbehalten ist.

Zu meinen wenigen frühkindlichen Erinnerungen gehört die Einweihung dieses Hauses. Ich war damals fünf Jahre alt, und die Bilder prägten sich mir wohl deswegen so stark ein, weil das Einweihungsfest sehr lange vorbereitet wurde. Wir Kinder mußten singen, Tafeln mit Wappen ostdeutscher Länder und Städte tragen, die Frauen und Männer übten ein Laienspiel ein und mein Vater saß über einer Rede, die er halten mußte.

Es war ein schöner sonniger Tag im Juni 1955, als das Haus eingeweiht wurde. Auf dem Vorplatz waren lange Reihen mit Sitzbänken aufgestellt worden, in den Seitenstraßen parkten Wagen in einer im Dorf nie zuvor gesehenen Anzahl. Der Rundfunk war da, Mitglieder der Landesregierung kamen in schwarzen Limousinen. In der im Keller des Hauses befindlichen Wäscherei legten die Laienspieler die Gewänder an, sackähnliche Kleider. Den Stoff hatte die Weberei im Dorf gestiftet. Es gab zwei verschiedene Farben, grau und braun, durch die sich der ›Chor‹ von den ›Spielern‹ unterschied, die Frauen hatten die Kostüme genäht und die Harmoniumspielerin der katholischen Kirche, die auch Klavierunterricht gab und als Lehrerin in der Stadtschule tätig war, hatte ein Versepos gedichtet.

Aus Zeitungsberichten, aus einer zur Einweihung eigens erschienenen »Festschrift« und aus den vielen Seiten mit

Fotos, die dieses Ereignis in der ebenfalls an diesem Tag begonnenen »Dorfchronik« dokumentieren, läßt sich ersehen, wie wichtig das Gemeinschaftshaus von den Dorfbewohnern, der Gemeindevertretung und von der Kreis- und Landesregierung genommen wurde. Letztere unterstützte und plante den Bau von Dorfgemeinschaftshäusern in Hessen seit 1953 unter dem Motto der »sozialen Aufrüstung des Dorfes«. Der »Sinn und Zweck« dieser Häuser wurde in einer Broschüre wie folgt angegeben: Sie sind gedacht als »Mittelpunkt dörflichen Lebens mit vielseitigen nützlichen Einrichtungen, die das Leben auf dem Lande erleichtern und der Anziehungskraft der Stadt entgegenwirken. Die bisher errichteten Dorfgemeinschaftshäuser haben – rein rechnerisch – einen Gegenwert von 20 Millionen DM. Ihr tatsächlicher Wert für ihre abgelegenen Heimatgemeinden ist unbezahlbar.« Der Sinn und Zweck des Gemeinschaftshauses in Trutzhain bestand in der Anlage einer Wäscherei, einer Sauna, von Wannen- und Brausebädern und einem ärztlichen Untersuchungsraum – untergebracht im Keller des Hauses. Dies alles war besonders zu jener Zeit und in diesem Dorf nötig, da es in den Baracken weder Bäder noch Waschküchen gab. Im Erdgeschoß waren linker Hand ein Versammlungsraum mit angeschlossener Küche, eine Bücherei und, rechts vom Eingang, die beiden Räume des Bürgermeisteramts. Im Obergeschoß befanden sich zwei Wohnungen, die reserviert waren »für Familien, von denen Mitglieder unmittelbar im Gemeinschaftshaus tätig sind«. Der Eingangsflur ist durch Tafeln ausgeschmückt, die zum einen die Einweihungsurkunde darstellen, zum anderen die zu jener Zeit im Dorf ansässigen Betriebe. Sie sind mit Inseraten auch in der »Festschrift« vertreten, 36 an der Zahl.

Diese »Festschrift« zeigt auf dem Umschlag das Wappen des Dorfes: unter einem stilisierten Zahnrad sind ein Eichenblatt und eine Ähre abgebildet, Symbole für Industrie, Forst- und Landwirtschaft. Nach Geleitworten des Landrats und des Regierungsrats von Hessen folgen ein Überblick über die politische und wirtschaftliche Entwicklung des Ortes von der Siedlung bis zur selbständigen Gemeinde, der Bericht »Vom Elendshaufen zum Dorf aus Nichts«, zwei Aufsätze des Schulleiters, von denen der zweite eine Abschrift der Anfangsseiten der Schulchronik darstellt, während der erste die Überschrift trägt: »Was wir verloren haben«. Die Antwort darauf läßt sich leicht in dem auf den eineinhalb Seiten mehr als fünfzehn Mal auftauchenden Wort »Heimat« zusammenfassen. Als nächstes ist ein »Rückblick auf drei Jahre wirtschaftlicher und kultureller Entwicklung« abgedruckt. Darin werden die Anzahl der Betriebe und des Gewerbes angegeben (44), die Straßennamen, die fast ausschließlich ostdeutschen Gebieten und Städten entlehnt sind (»... das Gedenken an die unverlierbare Heimat zeigt sich in ...«), die evangelische Kirche (»faßt oft nicht alle Besucher«), die katholische Kirche (»Ziel glaubensfroher Wallfahrer, die in Trutzhain ihre Erzgebirgler-, nordböhmische und schlesische Tradition fortführen«), die Zahl der Bibliotheken (»wie aus dem Boden gestampft, verfügt Trutzhain über drei gute ...«), die Gesamtanzahl der Bücher (800), die Anzahl der aktiven Mitglieder der Freiwilligen Feuerwehr (28) und die der fördernden (72), die Anzahl der passiven und aktiven Mitglieder des Turn- und Sportvereins (52/42), die Anzahl der Schüler (97), der Einwohner (578), der aus den Gebieten östlich der Oder/Neiße Stammenden (110), der Deutschen aus Polen (96), der aus der Westzone und aus Berlin Kommenden (56) und der in Trutzhain geborenen Kinder (30), der Gewerbetreibenden (29), der industriellen Betriebe (8), der Händler (10), der ortsansässigen und von auswärts kommenden Arbeitnehmer (119/100) und schließlich der Arbeitslosen (18). Beschlossen wird das Heft durch das »der Gemeinde

Trutzhain anläßlich der Einweihung des Dorfgemeinschaftshauses« von Käthe von Ostrowski gewidmete Festspiel »Unser Weg«.

Dessen erstes Bild ist mit »Klage« überschrieben. Abwechselnd kommen der Ostpreuße, der Danziger, der Westpreuße, der Warthegauer, der Pommer und der Brandenburger, der Schlesier aus dem Riesengebirge, der Oberschlesier, der Egerländer und der Erzgebirgler, der Altvaterländer und der Böhmerwälder zu Wort: Sie alle beklagen den Verlust ihrer Heimat. Der Sprecherchor faßt das Gemeinsame zusammen: »Wir kamen vom Berg, vom Tal und vom Meer, die Herzen voll Trauer, die Hände ganz leer. Am Wege blieben gar viele zurück, der Tod brach milde den qualvollen Blick. Doch wir wandern weiter durch Nacht und durch Wind, der Vater, die Mutter, der Greis und das Kind. Ein Lichtlein zieht mit uns, die Hoffnung genannt, wir finden wohl wieder ein heimisches Land.«

Im zweiten Bild – »Hoffnung« – sagt die Mutter zu ihrem Kind: »Suchend wohl zogen wir lange umher, hier finden Baracken wir, einsam und leer.« Das Kind sagt: »Sind traurig, o Mütterlein, anzuschaun, hier wird mir so bang, spürst du nicht das Grau'n?« Und die Mutter erwidert: »Das Leid und das Grauen verwehet der Wind, ich suche die Heimstatt für mich und mein Kind. Will richten und bauen für uns einen Raum, darin sollst du dann ruhen in Schlaf und in Traum. Dein Herzlein soll werden vom Leide gesund, beim Spielen und Singen auf blühendem Grund.« Darüber freut sich das Kind, fragt aber, mit wem es denn spielen soll. Die Mutter versichert ihm, daß noch viele andere in den Ort kommen werden, und sie wird vom Chor darin bestätigt. Der Bauer tritt vor und verspricht, Korn zu säen, der Weber will Brokat und Linnen weben, der Tischler Fenster und Türen bauen, der Schlosser die Schlüssel fürs Haus machen, der Blumenfabrikant verspricht Blumensträuße und Blüten zum Anstecken ans Kleid, das die Näherin nähen will. Da wird das Spiel unterbrochen, denn der Vater des Kindes kommt aus der Kriegsgefangenschaft zurück: »Weit bin ich gewandert aus Hölle und Graus und find euch als Bettler ohn' Heimat und Haus. Rings Drahtzaun und Türme mit Feuer bestückt, das Schauern mich packte, als ich sie erblickt. Des Krieges bittere grausame Spur entreißt meinen Lippen den heiligen Schwur, dem Frieden zu leben und Türme zu baun, nach denen ohn' Schrecken vertrauend wir schaun.« Und ein Sprecher unterstützt ihn in dieser Absicht mit einer Forderung, die bis heute nicht erfüllt werden konnte: »Wir bauen mit dir eine Friedensstadt hier! Hinsinken muß hier, was an Krieg noch gemahnt, daß Klage und Jammer der Enkel nicht ahnt.«

Im dritten Bild – »Zuversicht« – ist dann plötzlich die Integration vollzogen, denn es beginnt mit dem vom Kirchen- und Schulchor gesungenen »Hessenlied«, dessen Strophen in dem Refrain enden: »Grüß Gott Dich, Du Heimat, Du herrliches Land, Herz Deutschlands, mein blühendes Hessen!« – worauf die Heimatvertriebenen sowohl den Männern ihres neuen Dorfes wie auch Gott danken: »Heimat, die teure, vergessen wir nicht, doch schauen wir heut unsers Dorfes Gesicht, ein Wort unserm Mund sich zärtlich entringt, das dankend und jubelnd zum Himmel aufklingt: ›Heimat‹.«

Die Aufführung dieses Festspiels soll besonders unter den älteren Einwohnern Rührung erzeugt haben. Am Einweihungsnachmittag nahmen nach dem gemeinsamen Lied »Nun danket alle Gott« der evangelische und katholische Pfarrer die Weihe des Hauses vor. Reden wurden gehalten und der Regierungsdirektor »sprach über den Sinn und Zweck eines Dorfgemeinschaftshauses mit der abschließenden Feststellung, daß es nicht mit einem ›Kulturhaus östlicher Prägung‹ zu vergleichen sei.« Die Festfolge schloß mit der Schlüsselübergabe, dem »gemeinsamen Gesang des Deutschlandliedes III. Strophe« und der Öffnung des Hauses zur Besichtigung. Am Abend gab es »Tanz und Unterhaltung in den Sälen: Turnhalle und Gastwirtschaft Schmitz«.

2

Man kann die Einweihung des Gemeinschaftshauses als einen Höhepunkt in der damals erst sieben Jahre dauernden Geschichte Trutzhains bezeichnen. Die Industrie hatte sich gefestigt, die Betriebe konnten innerhalb von zwei Jahren ihren Umsatz auf 4 Millionen Mark verdoppeln, es gab kaum Arbeitslose, nahezu alle Fachwerkbaracken waren saniert, die Holzbaracken verschwanden aus dem Bild der ›Altstadt‹ und an ihrer Stelle entstanden Neubauten. Im nordöstlichen Teil des Dorfes wurden Nebenerwerbssiedlungen errichtet, Zweifamilienhäuser mit viel Umland, auf dem ehemalige Landwirte Viehzeug halten und sogar kleine Äcker bestellen konnten. Der Begriff und das Gefühl für eine neue Heimat hatte sich allmählich durchgesetzt und die alte Heimat hielt man durch Vorträge, Volkstanzgruppen und Vorführungen in Erinnerung. Im Saal des Gemeinschaftshauses trafen sich die Einwohner zum gemeinsamen Fernsehen, die Männer gingen am Freitagabend in die Sauna, die auch von vielen Auswärtigen besucht wurde, da sie die einzige im weiten Umkreis war. Familien, die es sich leisten konnten, brachten ihre Wäsche in die Wäscherei und zum Mangeln. Das Dorfgemeinschaftshaus bewährte sich.

Fotos und Zeitungsartikel dokumentieren in der 1955 angelegten »Dorfchronik« diese Einkehr eines beruhigenden Alltags in das Dorfleben, indem nun nicht mehr

Elend und Not, sondern außergewöhnliche kulturelle Ereignisse festgehalten werden. Das Dorf pflegte seine Feste, die Kirmes, die Fronleichnamsprozession, die Veranstaltungen der Feuerwehr und des Sportvereins, sowie die wegen des Einfallsreichtums und des Witzes auch über den Ort hinaus bekannt gewordenen Umzüge zur Kirmes. Beliebt waren auch die Kegelabende und Filmvorführungen bei Schmitz, die Heimatvertriebenenabende, die sonntäglichen Fußballspiele, die Adventsabende, die Schulfeiern zu Weihnachten, zur Schulentlassung, die Sonnwendfeier, das Dreikönigsfest, mit den von Baracke zu Baracke und Haus zu Haus ziehenden, aufwendig verkleideten Drei Königen aus dem Morgenland. Zu Ostern wurden vor den Fenstern der Mädchen mit eingefärbter Sägespäne Osterwünsche gestreut, der Schulleiter richtete eine Waldschule ein, 1956 wurde mit dem Bau des Sportplatzes am östlichen Dorfrand begonnen, im August des Jahres fand das erste Interniertentreffen statt. Eine neue evangelische Kirche hat das Dorf seit 1957, während ein Fuhrunternehmer in der alten Lagerkapelle seine Lastwagen unterstellt. Ein Dorfnachmittag ist mit Liedern, Gedichten und Geschichten der ostdeutschen Heimat gewidmet, gleichzeitig aber auch der neuen Umgebung: »Man wolle daran erinnern, daß die Ostdeutschen die Heimat abgeben mußten und ein Recht darauf haben, sie einmal wiederzubekommen. Wenn an diesem Nachmittag auch Schwälmer Trachten zu sehen und Schwälmer Mundartgedichte zu hören seien, möge man das als Beweis dafür nehmen, daß alle mit Freuden zu einem freundschaftlichen Zusammenwachsen mit den Einheimischen bereit seien.« Und während im Dorf eine Notgemeinschaft für Ungarnflüchtlinge gebildet wird, erhalten die Kinder vom amerikanischen Roten Kreuz Pakete mit Spielzeug und Gebrauchsgegenständen, auf denen »Made in USA« steht. Im September muß die Schule wegen einer Grippeepidemie geschlossen werden, die Weihung der Turner- und Sportlerfahne wird zum Volksfest. Der Straßenausbau ist inzwischen vorangetrieben worden, die Turnhalle renoviert, eine Müllabfuhr eingerichtet, ein Autowaschplatz angelegt, das Schwimmbad neu auszementiert und in Aussicht steht sogar der Neubau einer Schule.

Doch diese Schule ist nicht im Dorf errichtet worden, sondern 1962 auf einem Gebiet zwischen Trutzhain und Steina. Die nachlassende Zahl der Schüler hatte einen eigenen Bau nicht mehr gerechtfertigt. Die alte Barackenschule stand leer. Es hatte sich damals eine Stimmung des Bedauerns über diese Ausgliederung bemerkbar gemacht. Und merkwürdig ist auch, daß mit diesem Jahr 1962/63 die kontinuierliche Führung der Dorfchronik, deren kopierte Seiten ich während des Schreibens nach und nach durchgeblättert habe, plötzlich aufhört. Denn nach Zeitungsartikeln aus dem Jahre 1963, die die Grundsteinlegung zu einer neuen katholischen Kirche schildern, folgen nur noch einige Fotos zu deren Einweihung (1965), zur Kirmes (1973), über den Besuch ehemaliger französischer Kriegsgefangener (1980) und zur Bundestagswahl desselben Jahres. Nicht mehr als sechs Seiten dokumentieren einen Zeitraum von 17 Jahren, während 43 Seiten über die Geschichte der Gemeinde bis 1962 berichten. Sieben Jahre nach der Einweihung des Gemeinschaftshauses, sieben Jahre nach Beginn der Chronik und vierzehn Jahre nach Bestehen des Ortes scheint eine Entwicklung stattgefunden zu haben, die die Lebhaftigkeit, den Ereignisreichtum und den Unternehmungsgeist in Trutzhain zum Erliegen gebracht hat. Es ist, als gäbe es nichts mehr, worüber sich berichten ließe, als sollte etwas verschwiegen werden, als läge seit der Mitte der Sechzigerjahre ein unheilvoller Schatten auf dem Ort, als wäre er selbst in Schlaf versunken. Oder gingen die Trutzhainer nur noch ihrer Arbeit nach, kümmerten sich um ihr Eigentum und vergaßen darüber ihren gemeinsamen Besitz, ihr Dorf?

3

Vielleicht gibt es auch eine ganz einfache Erklärung: die Chronik wurde von niemandem mehr geführt. Auffallend aber bleibt, daß die Dokumentation zu einem Zeitpunkt abbricht, zu dem eine wirtschaftliche Stagnation im Dorf deutlich erkennbar ist. Einige wichtige Betriebe müssen wegen Unrentabilität schließen. Das Dorf kann den Anschluß an die allgemeine wirtschaftliche Entwicklung in den Sechzigerjahren nicht halten. Die Unternehmen können nicht konkurrieren. Übrig bleiben kleine Handwerksbetriebe, deren Mitglieder Familienangehörige sind oder billige Arbeitskräfte, die in den umliegenden Städten keine Anstellung gefunden haben. Waren in den Fünfzigerjahren noch viele auswärtige Arbeitnehmer verzeichnet, die der Gemeinde wertvolle Steuermittel entzogen, sieht es zehn Jahre später genau anders herum aus. Die Pendler wohnen in Trutzhain. Andererseits gelingt es nicht, in die freigewordenen Fabrikbaracken andere Betriebe von auswärts heranzuholen. Die leerstehenden Räume werden entweder verkauft oder sie dienen als Lager. In den Sitzungen der Gemeindevertreter gehen die Interessen und Meinungen auseinander. Man streitet sich über Kleinigkeiten, über den nicht genehmigten Ausbau eines Straßenstücks, sieht darin Protektion von Parteiangehörigen. Es kommt zu Beschimpfungen und Verleumdungen. Vorwürfe der Korruption, der Begünstigung werden laut. Anzeigen werden erstattet. Die Auseinandersetzungen erreichen eine private Ebene, der Blick auf das Gemeinwohl geht verloren. Zwischen 1958 und

1960 sitzen nacheinander vier verschiedene Bürgermeister im Amt. Danach stabilisieren sich die Verhältnisse wieder, doch bei der Durchsicht der damaligen Gemeinderatsprotokolle fällt eine steigende Unruhe auf, ein Parteigerangel, die Zunahme von abgebrochenen Sitzungen, Verweisen und Anschuldigungen.
In den Fünfzigerjahren vertrat die Partei des BHE die Interessen fast aller Bürger des Ortes. Vorrangig war nicht die eine oder andere Parteiideologie, vorrangig war die Sorge um die Gemeinde. Die meisten Entschlüsse der Gemeindevertretung wurden damals noch einstimmig verabschiedet. Seitdem aber gegen Ende jenes Jahrzehnts die Partei der Heimatvertriebenen in den verschiedenen Bundesländern mit verschiedenen Regierungsparteien koaliert, bricht auch im Dorf die Einmütigkeit in politischen Entscheidungen auseinander. SPD und CDU stehen sich rivalisierend gegenüber. Die Übersicht über die Fortentwicklung der Gemeinde geht verloren. Initiativen zur Neugründung oder Ansiedlung von Betrieben werden je nach Interesse von der einen oder anderen Seite zurückgedrängt. Im Vordergrund steht die Beschaffung neuen Baugrunds durch Eingemeindung angrenzender Flurstücke. Das Bauland ist billig. Die ehemalige Handels-, Industrie- und Kleingewerbegemeinde verwandelt sich weitgehend in einen reinen Wohnort. Durch eine Gebietsreform im Jahre 1971 werden insgesamt 13 Städte und Gemeinden zusammengelegt, der Ort wird Teil einer Stadt und verliert seine kommunalpolitische Selbständigkeit. Die Vertreter des nun entstehenden Ortsbeirats haben nur noch beratende und empfehlende Funktion. Das Bürgermeisteramt wird aufgelöst und ein Kindergarten in dessen Räumen eingerichtet. Die Festumzüge der Kirmes greifen in der Gestaltung der Wagen kaum mehr Dorfereignisse auf, sondern stellen sich aus Trachtengruppen zusammen. Offizielle Veranstaltungen im Dorf werden

hauptsächlich von Vereinen getragen. Eine Landfrauengruppe bildet sich, ältere Einwohner finden sich einmal in der Woche zur Gymnastikstunde zusammen. Es ist ruhig geworden im Dorf. Während sich seine Anfänge über Jahrzehnte hin entwickelt zu haben scheinen, verstreichen jetzt ereignislose Jahrzehnte im Nu. Die Einwohner gehen ihrer Arbeit nach, bauen ein Haus. Die Alten, die von damals, sterben.

Ich erinnere mich an einen Frühjahrstag, an einen Morgen im Jahr 1969 oder 1970, als ich zur Hauptstraße hinaufging und etwas sah, was mir weh tat, und was ich seitdem immer wie ein Zeichen für das allmähliche Einschlafen, das Versickern von Unternehmungsgeist und Identität in diesem Dorf ansehe: Über Nacht hatte man in der Hauptstraße alle Rotdornbäume abgesägt, alle, ausnahmslos, weil man die Bürgersteige teeren wollte, um sie besser sauberhalten zu können. Gewiß hatte sich das Abholzen über einen längeren Zeitraum erstreckt, aber für mich war alles wie in einer Nacht geschehen, eine Verwandlung in einem einzigen Augenblick, als ich am Ende der Königsberger Straße stand und die trostlose und kahl gewordene Hauptstraße hinaufsah. Zuvor hatte ich die hier stehenden Baracken, selbst als sie und ihre frühere Funktion mir bewußt geworden waren, nie als solche empfunden. Ich hatte in ihnen nie den Inbegriff eines Lagers gesehen, dessen einzige Aufgabe darin bestand, Leben unterzubringen. Als ich jedoch damals die plötzlich baumlose Straße betrat, habe ich zum ersten Mal die Baracken als Baracken gesehen. Ich sah ihre kalte nackte Herkunft.

4

Bei meinem Besuch im Dorf Mitte November letzten Jahres war ich an einem der Nachmittage auch im Dorfgemeinschaftshaus. Ich hatte nicht vorgehabt, es zu besichtigen, sondern nur dem Hinweis nachgehen wollen, daß in der dortigen Bücherei noch einige Fotos von der ersten oder zweiten Kirmes des Dorfes in einem Bilderrahmen zusammengestellt seien. Ich wollte sie mir ansehen und besorgte mir den Schlüssel für die Bücherei von der Kindergärtnerin, die in dem Raum eine Art Büro eingerichtet hatte.
Den Schlüssel hätte ich nicht gebraucht, denn die Tür stand offen. Wie lange ich diesen Raum nicht mehr betreten hatte, weiß ich nicht, vielleicht zehn oder fünfzehn Jahre. Trotzdem kam es mir so vor, als hätte sich nichts verändert. Ich fand mich sofort in ihm zurecht. An der Wand standen die eingebauten Bücherschränke, hinter den Glasscheiben die Bücherrücken, wie mir schien, in unveränderter Anordnung, und ich hatte auch nicht das Gefühl, daß in der Zwischenzeit ein Buch neu hinzugekommen wäre. Ich fragte mich, ob noch irgend jemand aus dem Dorf hier etwas auslieh. Ohne suchen zu müssen, ging ich gleich zu dem freien Wandstück, wo der Bilderrahmen hing und besah mir die Fotos. Danach wandte ich mich um, denn ich wollte auch noch eine zweite Sammlung mit Fotos ansehen, von der ich glaubte, daß sie sich in diesem Raum befunden hatte. Ich wußte nicht mehr, was der Rahmen genau enthalten hatte, aber ich wußte, wo er hängen müßte. Tatsächlich fand ich auch zwischen dem Fenstervorhang und dem Bücherschrank einen Nagel in der Wand. Der Rahmen war verschwunden.
Irritiert trat ich auf den Flur, um die Frau danach zu fragen, die das Haus sauberhielt. Ich hatte sie schon beim Betreten des Gemeinschaftshauses bemerkt und fand sie beim Reinigen der Toiletten. Meine Frage konnte sie mir

nicht beantworten, wußte auch nicht, was das für ein Rahmen gewesen sein sollte, andererseits würde sie sich aber über das Verschwinden nicht verwundern, es sei schon so manches in der Zwischenzeit weggekommen; es sei eigentlich gar kein Dorfgemeinschaftshaus mehr. Fände sich ein Käufer, der darin einen Betrieb einrichtete, würde es sicher bald aufgegeben werden. »In der früheren Wäscherei ist jetzt eine Art Jugendclub, der Heizungskessel ist völlig verrostet, die Bäder werden schon lange nicht mehr benutzt, jetzt hat ja auch jeder sein eigenes Badezimmer, und die Sauna ist wegen Ungeziefer geschlossen worden vom Gesundheitsamt. Nur im Gemeindesaal wird noch manchmal eine Versammlung abgehalten und die alten Leute treffen sich hier zur Gymnastik, aber das ist auch alles. Durch die Fenster regnet es rein, die Zwischendecke löst sich allmählich ab und der Fußboden, na, Sie sehen ja selbst.« Ich war der Frau in den Gemeinschaftsraum gefolgt. Es war ein fast quadratischer, hoher, heller Raum. An der Wand gegenüber der Eingangstür hing noch der handgewebte Teppich, der zur Einweihung angefertigt worden war, eingearbeitet der hessische Löwe und acht Wappen von ostdeutschen Städten. Daneben rechts und links drei große, gerahmte Landkartenblätter von Schlesien, Ostpreußen und dem Sudetenland. »Die haben früher im Bürgermeisteramt gehangen«, sagte die Frau, »dann waren sie verschwunden nach der Eingemeindung und erst kürzlich sind sie auf dem Dachboden völlig verstaubt wiederentdeckt worden.« Es waren Karten nach dem Stand von 1937, reproduziert »auf Verfügung der Besatzungsmächte«. Ich las und notierte mir einen in das Kartenblatt kunstvoll hineingeschriebenen Text: »Heimat Sudetenland – Feststeht: Nicht durch Blut und Schwert eroberten unsere Ahnen die Heimat, aus der uns Haß und Neid vertrieben. Schon in Vorzeiten siedelten wir im Land: Im hohen Mittelalter strömten Söhne aller deutscher Stämme, gerufen und geachtet, nach Böhmen, Mähren und Sudetenschlesien. Sie kamen als rodende Bauern, lehrende Mönche, schaffende Künstler und städtebauende Handwerker und Kaufleute. Sie schufen Wohlstand und bleibende Werte. Deutsches Recht war erste Ordnung. Deutsche Kunst schlug Brücken zu abendländischer Einheit. Als hussitischer Haß zum ersten Mal die Deutschen vertrieb, war Böhmen Ödland. – Bis wieder Deutsche kamen und das Erbe mehrten. Erfindungsgeist und Tüchtigkeit erbauten Arbeitsstädte. Schlote rauchten und sudetische Leistung war in aller Welt bekannt – Heimat Sudetenland. In dir ruhen unsere Toten und du bleibst unserer Sehnsucht, unserer Liebe Land.«

»Deutsches Recht war erste Ordnung«, sagte ich vor mich hin, als ich zum Klavier ging, das der Gemeinde von der Frau des Ministerpräsidenten zur Einweihung des Hauses geschenkt worden war. Ich schlug ein paar Tasten an, es war völlig verstimmt. »Zwei Bodenvasen sind ebenfalls verschwunden«, sagte die Frau. »Niemand weiß, wo sie geblieben sind.« Auf den steinernen Fensterbrettern sah ich alte zusammengerollte Handtücher liegen, um das eindringende Regenwasser aufzufangen. Die Glasverkleidung der Lampen über den Fenstern war teilweise gebrochen. Die mit Gipsplatten verkleidete Decke senkte sich an den Rändern, zwischen den Platten erschienen große Risse. Der Boden, hergestellt aus dem damals modernen ›Xilloit‹, war abgeschabt, rissig und stumpf. Wir gingen in die hinter einer Schiebetür gelegene Küche, nicht größer als ein kurzes Flurstück, »viel zu klein, damals schon«, sagte die Frau. Ich schob die Türen der Hängeschränke auseinander, sah auf billiges Plastikgeschirr, in Zellophan gepackte Trinkbecher. Geschirr aus Porzellan hatte hier einmal gestanden, für viele Dorfbewohner damals unerschwinglich teuer. Auf meine Bitte hin zeigte mir die Frau auch noch den Keller, der vom Eingangsflur über einen schmalen Treppenabgang zu erreichen war. Kaum öffnete sie die Tür, schlug mir ein Geruch entgegen, den ich sofort wiedererkannte, ein Gemisch aus warmem Wasser, Reinigungsmitteln, Soda und Seife, Holz und Kohlegasen. Ich ging voraus, trat in den dunklen Kellerflur, sah die Stelle, wo am Freitag immer der Hauswart gesessen hatte, um die 70 Pfennig für den Besuch der Sauna entgegenzunehmen. Wir gingen in die Badeabteilung, die schwarz-weiß gekachelt war, und ich stellte mir vor, welche Wohltat allein schon dieser Eindruck an Reinlichkeit den in den Baracken Wohnenden bereitet haben mußte, die nichts anderes als Holzdielen und Holzwände kannten. An den Türen zu den Wannenbädern fehlten die Türgriffe, die Frau drückte die Klinke der Saunatür. »Verschlossen«, sagte sie, als hätte ich ihr nicht glauben wollen. Wir gingen zurück, kamen am Heizungskeller vorbei, ich öffnete ihn und sah auf den großen schwarzen Kessel, ein Ungetüm, das ich schon als Kind bewundert und gefürchtet hatte, wenn der Hausmeister mir erlaubte dabeizusein, während er den Koks in das Feuerloch schippte. »Hoffentlich explodiert er nicht mal«, sagte die Frau, die in der Tür stehengeblieben war. »Zu reparieren ist er nicht mehr, da muß ein neuer her, aber das scheint sich für das Haus nicht zu lohnen.« Wir gingen die schmale Kellertreppe wieder hinauf. Ein trostloser Rundgang, dachte ich, als ich mich verabschiedet hatte. Ich war im Eingangsflur vor der gußeisernen Tafel mit dem Relief der Einweihungsurkunde stehengeblieben. Wie für alle Zeiten geprägt sahen die Buchstaben aus. Eisern und schwarz, wie zum Trotz. Rechts und links daneben hingen die beiden Rahmen mit den ausgemalten Eichenzweigen und den kleinen wappenartigen Schildern, auf denen in beinahe fröhlicher Handschrift die Namen und Arten der Betriebe verzeichnet waren, die Namen der Abenteurer dieses Dorfes in einer abenteuerlichen aber vergangenen Zeit.

GEWERBEFREIHEIT

Eine Zeitlang herrschte nach dem Krieg eine Art Narrenfreiheit. Amerikanische Verhältnisse. Man brauchte keine KG oder GmbH zu gründen, keine zehn-, zwanzigtausend Mark vorzuweisen, um einen Betrieb zu gründen. In Trutzhain genügte dafür ein Stück Baracke, Phantasie und Selbstvertrauen, dazu ein Kredit über 3000 oder 5000 Mark. Meistens wurde an weit entfernte und lang zurückliegende Traditionen angeknüpft, und über Nacht existierte plötzlich ein neuer Herstellungsbetrieb. Die Waren, die der eine produzierte, schickte er ein paar Straßen weiter hinauf zu einer anderen Baracke, wo sie weiterverarbeitet wurden.
Zu einem der ersten Betriebe, die in Trutzhain gegründet wurden, zählte eine Autolackiererei, obwohl es kaum Fahrzeuge gab. Mit viel Schwung schob sich die auf der Außenwand der ehemaligen Leichenhalle des Kriegsgefangenenlagers aufgemalte Schrift »Autolackiererei« wie über einen Hügel, den es zu überwinden galt. Dann gab es eine Schlosserei. Von dem langen Mittelflur der Baracke Nr. 10 gingen rechts und links die Türen zu den Werkstatträumen ab. Wilhelm, der Schlosser, hatte an jeder Tür Schilder angebracht für die verschiedenen Abteilungen seiner Schlosserei: Schweißerei, Schlosserei, Spenglerei... Aber für jede der Abteilungen gab es jeweils nur einen Zuständigen, und das war immer derselbe, nämlich Wilhelm. So großspurig wie seine »Werkstätten« pries er auch seine Fähigkeiten an. Unter anderem machte er Kessel, Druckkessel, und bekam Ende der vierziger Jahre einen Auftrag von einer Brauerei aus dem Kreis. Weil der Kessel, der gebaut werden sollte, für die Baracke zu groß war, errichtete Wilhelm quer über die Posener Straße zwischen seiner eigenen und der durch die Straße getrennten Nachbarbaracke ein überdachtes Holzgerüst, unter dem

er den Kessel zusammenschweißen wollte. Die dicken Bleche besorgte er sich aus Kassel oder Alsfeld und fing an, nach seinen Berechnungen zu arbeiten. Als der Kessel, der wie eine riesige Beule aus der staubigen Straße herausgeragt haben soll, fertig war, brauchte es viel Geduld, Kraft und mehrere Flaschenzüge, um das Monstrum auf einen Lastwagen zu hieven, der es zur Brauerei transportierte. Dort stellte sich heraus, daß der Kessel für die Kelleröffnung, durch die er hinabgelassen werden sollte, zu breit war, weshalb diese zuerst vergrößert werden mußte. Danach beobachteten die umstehenden Brauereiarbeiter und Ingenieure gespannt, wie sich der Kessel erst an den Seiten hineinzwängte, plötzlich den Halt verlor und schließlich mit einem gewaltigen Schlag auf dem Kellerboden auftraf. Man montierte ihn und begann seine Druckfestigkeit zu überprüfen, indem man Wasser in ihn hineinpumpte. Aber nach einer bestimmten Druckstärke öffneten sich die Schweißnähte, und das Wasser spritzte aus allen Seiten heraus wie aus einem prallgefüllten Wassersack. Wilhelm hatte auch einmal bei einer selten guten Gelegenheit große Mengen Stahlblech bestellt und geliefert bekommen, und er schweißte, als wäre es das Geschäft seines Lebens, einen Sägespäneofen nach dem anderen zusammen, mehr als 25 Stück insgesamt. Das Problem war, daß er sie nicht verkaufen konnte. Die Lieferfirma der Blechplatten wollte ihr Geld, Wilhelm konnte nicht bezahlen. Eines Nachmittags fuhren zwei Lastwagen in die Siedlung, parkten vor der Baracke, luden eigenhändig, da Wilhelm nicht aufzufinden war, alle Öfen auf und verschwanden damit. So verlief das Abenteuer Wilhelm.

Koucky, sein Nachfolger, baute die Kanonenöfen weiter und soll sie fortwährend verbessert haben. Die Öfen waren wie Tonnen und hatten einen Einsatz, in dem um einen Holzpfahl herum die Sägespäne gestampft wurde.

Danach wurde der Pfahl herausgezogen und der Ofen mit einem Blechdeckel abgedeckt, auf dem oft Wasserkessel standen, nicht nur um das Wasser zu erwärmen, sondern auch um den Deckel zu beschweren, damit er nicht hochging, wenn sich wegen feuchter oder schlecht gestampfter Sägespäne explosive Gase entwickelten.
In den meisten Barackenwohnungen standen solche Öfen. Sie waren gefährlich, weil sie schnell zu glühen anfingen, und vereinzelt ist es zu Bränden gekommen. Aber das Heizen auf diese Weise war billig, 25 Mark reichten für einen ganzen Winter, denn die Sägespäne waren Abfallmaterial aus zwei anderen Betrieben des Ortes. Die Gebrüder Ullrich stellten Holzkisten her, meist für Bierflaschen. Holz gab es reichlich, und die Betriebe verstanden es schnell, sich Maschinen anzuschaffen oder selbst zusammenzubasteln, die das Holz verarbeiteten. Viele im Dorf haben dort ihr erstes Geld verdient. Manche, die an den Sägen standen, hatten an ihren Händen nicht mehr alle Finger, und immer waren die Hände bis unter die Nägel quittegelb von der Beize, in die die Kisten getaucht wurden.
Einer der Betriebe lieferte hauptsächlich an Brauereien im Ruhrgebiet. Das Dorf wurde, wohl nicht deswegen, aber aufgrund seiner vielen Betriebe und seiner Geschäftigkeit, das »Ruhrgebiet der Schwalm« genannt. Ein Teil der Fräsen, Nietmaschinen und Sägen stammte aus der Autoschlosserei Koucky, in der so gut wie alles, was als Motor sich selbst bewegte oder was davon bewegt wurde, produziert worden ist.
Doch wurden in den Ullrich-Baracken nicht nur Bierkisten hergestellt, sondern auch Holzverpackungen für den Räucherfisch, der in der Fischräucherei des Dorfes verarbeitet wurde. In einem Zeitungsartikel von 1949 heißt es darüber: »Der einzige Betrieb in Trutzhain, der noch keine Kredite in Anspruch genommen und auch

keine nennenswerten Schwierigkeiten hat, ist die Firma Helmut Nonn, Fischgroßhandlung und Verarbeitung. Das Unternehmen steht fast konkurrenzlos da. Fünf Waggons Fisch kommen täglich in Trutzhain an und werden unverzüglich verarbeitet. In dem mit modernsten Maschinen eingerichteten Betrieb werden 54 Leute beschäftigt. Peinliche Sauberkeit herrscht überall. Die Groß- und Kleinhändler aus der Umgebung holen täglich die frische Ware ab, und was sie nicht umsetzen können, wird wieder zurückgenommen und geräuchert oder zu Konserven verarbeitet. ›Wir schaffen nicht, was wir liefern könnten‹, sagt Helmut Nonn. 1000 Kisten aus der Trutzhainer Kistenfabrik werden täglich benötigt, 600 l Weinessig wöchentlich und 800 Zentner Salz im Monat werden zu Tunken und Marinaden verarbeitet. Die Firma hat eine eigene Vertreterorganisation und einen eigenen Kraftpark mit acht Fahrzeugen. Der Fisch wird auf Auktionen an der Küste aufgekauft, so daß die Garantie besteht, daß er nicht verdirbt.« Diese Firma ernährte viele Familien, denen es schlecht ging, fast zwei Jahre lang; geräucherter, eingelegter, gebratener Fisch gehörte zu den Hauptlebensmitteln. Der Räuchermeister kam aus Kiel. Bei ihm lernte mein Vater, wie man einen sauren Hering in den Mund gleiten läßt und ihn mit Rum hinunterspült.

Vor einer der Seitentüren der Nonn-Baracke stand immer ein Wagen des Bauern im Dorf. Dort hinauf wurden die Fischabfälle geworfen. Der Bauer fuhr sie aufs Feld und ackerte sie unter wie Dünger. Dasselbe geschah mit den Rückständen aus der Sauerkrautfabrik. Ihr Besitzer kaufte das Kraut von den Bauern aus der Umgebung. In der jetzigen Turnhallenbaracke wurde es gehobelt und dann in einem riesigen Bottich von den Arbeitern mit nackten Füßen gestampft. Und als man beim ersten Kirmesumzug in der Siedlung keine Bonbons hatte, um sie unter die Zu-

schauer zu werfen, weil es keine Bonbons gab, da nahm man eben stattdessen Sauerkraut aus der Sauerkrautfabrik, denn davon gab es genug im Dorf. Genau weiß ich es nicht, ich war nicht dabei. Aber es soll so gewesen sein. Wie auch einer der Bottiche nach seiner Fertigstellung so groß gewesen sein soll, daß er durch kein Tor in der Baracke paßte, weshalb ein Stück aus der Seitenwand herausgebrochen werden mußte.
Geliefert wurden die Bottiche vom Böttcher, der in der ›Altstadt‹ in einer Holzbaracke arbeitete und auch Fässer ausbesserte. Auch der ebenfalls in der ›Altstadt‹ wohnende Färber, der alte Dressler, bezog seine Färberbottiche vom Böttcher. Er färbte Leinenstoffe ein, die er von einer der Webereien erhielt. Diese fertigte in Tag- und Nachtschichten, teils in Auftragsarbeit, teils in Eigenherstellung, auch noch Popelin, der in einer Näherei ein paar Straßen weiter oben zu Anoraks und Mänteln zugeschnitten wurde. Außerdem wurden Nachthemden, Schlafanzüge und Wäsche genäht.
Für den Individualbedarf gab es mehrere Maßschneidereien in Trutzhain, von denen eine inserierte: »Chic und elegant aber immer preiswert ist Kie-Kleidung für Damen und Herren. Auf Wunsch Maßkonfektion mit und ohne Anprobe.« Dekorationsstoffe, Seiden- und Handarbeitsleinen wurden von der zweiten Weberei angefertigt, auch Garn und Nähseide. In einer anderen Baracke wurden Strickwaren hergestellt, ebenfalls von einer »Nahtanstalt«, die außer Kleidern und Blusen, Scharmeusen und Bettwäsche auch Lederhandschuhe nähte.
Ein Kürschner befand sich in der ehemaligen Stahl-Baracke gleich am Anfang des Dorfes. Von den Fellresten nähte meine Mutter Westen für meine Brüder. In dieser Kürschnerbaracke war zuvor ein Geschäft für »Lebensmittel und Eisenwaren« gewesen, und eine Annonce aus dem Jahre 1950 zeigt an, was man dort kaufen konnte:

»Eisenwaren – Öfen – Herde – Baustoffe aller Art – Tischlerbedarf – Werkzeuge – Bau- und Möbelbedarf – Sperrhölzer – Furniere – Hartplatten – Fußbodenbelag.« Diese Artikel befanden sich im hinteren Teil der Baracke; in dem zur Straße hin gelegenen Teil war ein großer Barackenraum, in dem sich parallel zur Seitenwand eine lange Theke entlangzog, auf der in Kisten, Gläsern und Fässern die Lebensmittel zum Verkauf standen. Brauchte man aber Nägel, verschwand die Inhaberin hinter einer Tür (als ginge sie in ihre dort anschließende Wohnung) und kam nach einer Weile mit einer Schachtel voller Nägel zurück.
In der Baracke gegenüber war die Fleischerei, in der Wurst nach alten schlesischen Rezepten hergestellt wurde. Talg, den sie nicht verarbeiten konnte, wurde an die Seifenfabrik Petters in der Posener Straße geliefert, wo er mit einer Grundmasse verkocht das Rohprodukt für Seife abgab, die zerrieben und mit Parfums, Lanolin und anderen Zutaten vermischt wurde. Die Masse wurde durch ein Walzwerk, später durch eine Stangenpresse gedrückt und dann geschnitten und verpackt. Ein Brand in der Fabrikbaracke warf die Entwicklung des Betriebes zurück.
»In der Seifenfabrik Josef Petters war in der Nacht zum 29. März 1949 ein Feuer ausgebrochen, dem die Fabrikhalle und die gesamten Fettvorräte zum Opfer fielen. Der Schaden belief sich auf etwa 19000 DM. Wie die Ermittlungen der Sachverständigen ergaben, lag fahrlässige Brandstiftung vor. Die beiden Angeklagten hatten am Vorabend im Fabrikationsraum auf einem offenen Feuer in einer behelfsmäßig eingerichteten Heizanlage eine Tonne Fettsäure erhitzt und die Flüssigkeit anschließend in Holzfässer abgefüllt. Nach Feierabend verließen sie das Fabrikgebäude, ohne vorher die Asche aus der Heizungsanlage zu entfernen oder sonstige Vorsichtsmaßnahmen zu treffen... Wenig später ging das Fabrikgebäude in

Flammen auf. Fettsäure war aus dem Faß in die noch glühende Asche getropft, und durch einen Luftzug wurde dann das Feuer entfacht...« In einem Inserat liest man, daß diese »Chemische Fabrik« nicht nur Seife, sondern auch »Seifenflocken, Waschpulver, Schuhcreme und alle Sorten Fußbodenpflegemittel« herstellte. Die ersten Kranzblumen, die die Kunstblumenfabrik anfertigte, wurden in Ermangelung von Wachs in das von Petters hergestellte Bohnerwachs getaucht. Erhitzt soll es furchtbar gerochen haben, aber es pflegte die rissigen Dielen in den Baracken. Und wuschen nicht die Trutzhainer Frauen ihre Wäsche mit dem einheimischen Seifenpulver, und fetteten die Schuhe mit der Schuhcreme aus der Fabrik ein? Lagen in den Seifenschalen der Zinkwannen Reststücke der Kernseife von Petters? Ich weiß es nicht, aber es wird wohl so gewesen sein. Wie auch der Seifenfabrikant einmal Anfang der Fünfzigerjahre den zweiten Dorfschullehrer von seinem Garten aus, an den das Schulgrundstück grenzte, zum Zaun herangewunken haben soll, um ihm ein flaches Seifenschächtelchen zu zeigen. Es enthielt drei kleine Stücke schwach duftender, in buntbedrucktes Wachspapier gelegter Seife. Das sei noch aus der Fabrik in der Heimat, soll Petters gesagt haben, solche feine Seife habe er damals hergestellt, beste Ware, und nur diese Schachtel habe er gerettet und immer bei sich gehabt, all die Jahre. Seine Heimatfabrik hatte einst in Reichenberg im Sudetenland gestanden.
Viele der Inserate in den Zeitungen verzeichnen während der Anfänge der Siedlung noch das Gründungsjahr und den Gründungsort der Betriebe in Ostdeutschland, und die Namen und Jahreszahlen muten wie verschämte Hinweise auf eine nur zeitweilig unterbrochene und räumlich verschobene Kontinuität an. Die »Werkstätte für moderne Polstermöbel, Innendekoration und Autopolsterei« von Karl Stelzig war früher in »Grottau bei Reichenberg«;

die »Bau- und Möbelschreinerei, Werkstätten für Innenausbau« von Konrad Munk wurde 1919 in »Heydekrug (Ostpr.)« gegründet, und die Kunstblumenfabrik hatte seit 1927 ihren Sitz in Niedereinsiedeln im Sudetenland. Als E. W. Lumpe dort anfing, »Blumen aus Papier oder Seide herzustellen, da blühte diese Industrie in der ›Hochburg‹ der Kunstblumenfabrikation. Was für Solingen die Stahlwaren und für Idar-Oberstein die Edelsteine bedeuteten, das waren für Niedereinsiedeln die künstlichen Blumen. Sie wanderten in alle Teile der Welt, bis der zweite Weltkrieg zu Ende war und die vielen Betriebe in dem ›Blumendorf‹ an die Tschechen übergingen. E. W. Lumpe versuchte in Thüringen sein Glück... Der Betrieb hatte sich wieder hochgearbeitet, da wurde er enteignet. Schwarz ging der Blumenfabrikant über die Grenze nach Westdeutschland. Hier kam er am Tage der Währungsreform an. In Süddeutschland wurde kurze Zeit später der Grundstein für einen neuen, den dritten Betrieb gelegt, und in Trutzhain fand der Sudetendeutsche endlich eine feste Bleibe. Nach diesem dornenreichen Weg ging es wieder aufwärts. Die ersten Blumen entfalteten in der Siedlung der Heimatvertriebenen ihre alte Pracht. E. W. Lumpe erschloß sich seinen alten Kundenkreis und gewann neue hinzu... Wenn die Firma den Anschluß an den Weltmarkt halten und sich gegen die sehr starke Konkurrenz aus Japan behaupten will, dann müssen der erfahrene Blumenfabrikant und dessen Sohn... ständig ihre Fühler ausstrecken und den Geschmack der Kunden prüfen.«
Die Kunstblumenfabrik stellte in Trutzhain eine Art Verbindung zum Welthandel dar. Eine Anzeige führte die Exportländer auf: »USA, Kanada, England, Australien, New Seeland, Klein-Asien, Südafrika, Belgien, Holland, Schweden, Österreich etc.« Überregional war auch der Handel der Brokatweberei am Ende des Dorfes. Dort holten sich die Leute im Dorf Reste für Tischdecken und

die Polsterei Stelzig Bezugsstoffe für Sitzmöbel, aber auch in der Kunstblumenfabrik wurden manchmal aus den Brokatstoffen Blätter herausgeschlagen. Angefangen hatte sie jedoch mit Schmuck für Kranzgebinde, die von der Gärtnerei des Dorfes geliefert wurden. Dort waren Gemüse, Obst, Sträucher und Bäume zu kaufen, und es gab eine Zeitlang auch eine Firma, die dieses Obst und Gemüse in Konserven verarbeitete. Wer es sich leisten konnte, verderbliche Lebensmittel haltbar aufzubewahren, hatte die Gelegenheit, von der Fabrik für Apparate und Gerätebau einen der »generalüberholten Kühlschränke von 70 bis 2200 Liter« zu kaufen. Der Inhaber dieser »Spezialwerkstatt« war zugleich für die Beschaffung und Auslegung von Dachpappe zuständig. Wer Strohmatten brauchte, um seine Beete abzudecken oder sich an der Baracke einen Windschutz einzurichten, wandte sich an die »Strohmattenfabrik«, die ihre Abfälle dem Bauern überließ, der damit die Ställe ausstreute.
Eine andere Werkstatt bot »Nähmaschinen, Fahr- und Motorräder« an und besorgte die Neuemaillierung von Fahrradrahmen. Mit der Fertigung von »Transistor-Drosseln sowie Verstärkern aller Art und der Wartung von Kino-, Ton- und Lautsprecheranlagen« beschäftigte sich eine Firma für Hochfrequenz- und Übertragungstechnik, Selecta genannt, ein Name, mit dem noch heute eine Baracke bezeichnet wird, obwohl die Werkstatt ihr Gründungsjahr Ende der Vierzigerjahre kaum überlebte. Für die elektrischen Anschlüsse sorgte hingegen ein Elektro-Installationsbetrieb, der noch heute besteht.
Neben drei Tischlereien gab es zwei Drechslerwerkstätten, von denen eine auch Handschnitzarbeiten ausführte. Der Malereibetrieb im Dorf strich nicht nur die Wände, sondern versah sie auch mit Bildern, so im Tanzsaal der ersten Gaststätte der Siedlung, dessen Rückwand einen Flöten- oder Trompetenspieler auf einem Stuhl in

Gebirgstracht mit großem Hut zeigte. Auch die Vorhalle der alten Schule wurde von ihm mit Bildern und Sprüchen aus der alten Heimat ausgeschmückt.
Seile und Schnur von jeder Stärke lieferte eine Seilerei in der ›Altstadt‹. Auf einem großen Grundstück hinter einer ausgebauten Klo-Baracke fing ein Mann namens Müller an, Angorakaninchen zur Herstellung von Wolle zu züchten. Nicht weit entfernt hatte einer von zwei in Trutzhain ansässig gewordenen Schuhmachern seine Werkstatt. Er war nur einen Kopf größer als sein Dreifuß, über den er die abgelaufenen Stiefel stülpte, um die neuen Sohlen mit Holzstiften festzuklopfen.
Der Friseur war gleich am Anfang des Ortes. Ein paar Baracken weiter wohnte der Arzt, der unter anderem auch wegen seiner Kochkunst berühmt war. Einkaufen konnte man in mehreren Lebensmittelgeschäften, von denen eines einem Warenhaus glich. Hier konnte man alles haben, was man zum Leben, Wohnen, Anziehen und Arbeiten brauchte. Oft mußte man Eßwaren wieder zurückbringen, weil sie nicht mehr frisch waren, aber der Kaufmann gab jedem Kredit, der gerade kein Geld hatte, was häufiger vorkam in jener Zeit. Es gab auch ein Omnibusunternehmen, über das die Leute staunten, weil der Besitzer immer wieder einen neuen Bus kaufte und keiner wußte, woher er das Geld dafür nahm. Den ältesten Bus, den er besaß, stiftete er 1951 der Freiwilligen Feuerwehr, die ihn vom Autoschlosser Koucky als Löschzug umrüsten ließ. Und es gab eine Bäckerei, die die Brötchen morgens ins Haus lieferte. Nur wenig später, nach der Zuteilung einer eigenen Baracke, eröffnete der Bäckermeister eine anliegende Gastwirtschaft, die einzige, die sich über Jahrzehnte hinweg bis heute gehalten hat. Dort war der Sammelpunkt für Kartenspieler, für Gerüchte und Geschichten.
Die Gerüchte wurden auch über das Postamt verteilt, wo

man sich morgens traf, wo man telefonierte, wo man gern auf die Ausgabe der Briefe wartete, weil sich die Zeit nutzen ließ, die neuesten Nachrichten zu erfahren. So wußte bald jeder, daß sich im Dorf zwei Arbeitslose zusammengetan und ein Patent angemeldet hatten für eine Methode, mit der man Telegraphenmasten konservieren konnte. Am Waldrand, am Ende der Kohlenstraße, hatte der Förster sein vom Kreis zugeteiltes Haus und hinter dem Haus lagerte er unter einem Wetterschutz Holzbretter. Niemand wußte recht wozu. Bis er in den Sechzigerjahren pensioniert wurde und damit begann, sich ein Haus zu bauen, das innen wie außen aus verschiedenartigen Hölzern bestand. Es gab auch noch einen anderen Förster im Dorf, der nicht mehr amtierte, aber er trug über die Jahre hinweg seine grüne Försterkleidung und den mit dem wippenden Gamsbart geschmückten Hut. Er hatte eine kleine Fabrik, die Holz zu Kisten verarbeitete und »Spaltware« anbot.

Natürlich gab es im Dorf auch Versicherungsagenten und die Textilagentur »Hübner und Habel«. Es gab die Annahmestelle für chemische Reinigung bei Irene Pietrow, und einmal im Monat ging durch das Dorf ein in Schwarz gekleideter Mann, der in den dunklen Barackenfluren den Strom ablas – mit einem Auge, denn das andere war aus Glas.

Sogar eine Art Zeitung hatten sich die Einwohner für ein, zwei Jahre geschaffen, ein »Mitteilungsblatt« mit Inseraten und guten Wünschen fürs neue Jahr, mit Rechenschaftsberichten und der Forderung des damaligen Bürgermeisters, »Trutzhain zu einer gefälligen Siedlung auszustatten: Die Sauberhaltung aller öffentlichen Plätze, Wege und Anpflanzungen ist eine Hauptbedingung. Das äußere Bild darf nicht durch willkürlich hingesetzte Ställe und Holzablagen verunstaltet werden... Alle Bewohner, die noch beabsichtigen, Federvieh zu halten, müssen dies in ihren Einzäunungen tun. Das wilde Herumlaufen von Hühnern und Gänsen auf den öffentlichen Wegen werde ich mit allen mir zustehenden Mitteln verhindern. Die Hundehalter wollen bedenken, welchen unermesslichen Schaden sie unseren Kindern antun, wenn diese durch große Hunde in Zittern, Angst und Schrecken versetzt werden.« Mahnende Worte zum Ende des Jahres 1950. Die Hühner und Gänse verschwanden von den Wegen und die Wege unter geteerten Straßen. In der ›Altstadt‹ entstanden Neubauten und das Fachwerk der Baracken wurde hinter der Beschichtung von gleichmäßig grau in grau fließenden Eternitplatten versteckt. Die Rotdornbäume in der Hauptstraße verschwanden über Nacht. Fabriken und Betriebe machten ihre Tore zu, das Holz der Bierkisten wurde durch Kunststoff ersetzt, die Webmaschinen standen still. Die Tischlerei wurde leergeräumt zur Lagerung von Rolläden, hinter denen die Fenster der Baracken und Häuser verschwanden. Aber auch die Gesichter der ersten Siedler waren mit einem Mal nicht mehr zu sehen. Es blieben nur ihre Namen auf den Grabplatten des Steinmetzen im Dorf und ein paar Anekdoten oder Erinnerungen an die Anfangszeit und die Abenteuer, bis auch diese allmählich vergessen und verschwinden werden.

Zehn bis fünfzehn Jahre hatte sich das Dorf in einem anfangs atemberaubenden Tempo entwickelt, dann schien es den Atem anzuhalten. Kaum etwas Neues kam hinzu, abgesehen von den vom Rand hereinwachsenden Einfamilienhäusern, aber nur wenige der Fabriken und Werkstätten konnten sich auf dem Stand, den sie erreicht hatten, halten oder sich gar erweitern. Dadurch wird verständlich, daß im Regionalteil der ›Hessischen Allgemeinen‹, in der die ehemalige Kreiszeitung aufgegangen ist, 1979 ein Unternehmen besonders gewürdigt wird, das

schon zu den ersten der Siedlung gehörte und sich nach 30 Jahren in einem neuen Gebäude in der Nähe des Sportplatzes erheblich vergrößern konnte. In dem Artikel heißt es: »Rainer Schidleja, der die Besuchergruppe zunächst zu der alten, aus dem Gefangenenlager stammenden Baracke führte, in der die Produktion nach 1945 unter primitiven Verhältnissen wiederaufgenommen wurde, erinnerte daran, daß das Unternehmen bereits 1930 im Sudetenland mit der Herstellung von Wäsche beschäftigt gewesen war. Unter großen Schwierigkeiten und mit nur wenig Hilfen sei es dann in Trutzhain gelungen, den Betrieb schrittweise auszubauen. So konnte 1976/77 der moderne Neubau des heutigen Schwalmstädter Stadtteils Trutzhain bezogen werden. Der Betrieb ist heute ganz in die Damenoberbekleidungsbranche eingestiegen und produziert Blusen, Röcke und Hosen. Zwei Drittel der Produktion werden im Hause erstellt, der Rest bei Zwischenmeisterbetrieben. Trotz harter Konkurrenz in der DOB sei man zuversichtlich für die weitere Entwicklung. Schidleja gab den Gästen aus Wiesbaden und dem Schwalm-Eder-Kreis auch einen Überblick über die Wirtschaftsentwicklung in Trutzhain und stellte bedauernd fest, daß von der einstigen Vielzahl mittelständischer Unternehmen heute nur vier übrig geblieben sind. Die Rezessionsjahre und eine zu ›dünne Kapitaldecke‹ der jungen Betriebe hätten mehrere Unternehmensschließungen bewirkt...«
Auf einem dem Artikel beigegebenen Foto sieht man eine Gruppe von Besuchern um einen Nähtisch stehen, an dem ein Mädchen vor einer Nähmaschine sitzt. Die Besucher schauen auf den Tisch. Das Mädchen sieht auf seine Arbeit und näht und näht und näht...

DIE FENSTER AUS KREIDE

I

Nach Beendigung des letzten Kapitels hatte ich die Aufzeichnungen des Lehrers, die Zeitungsausschnitte und Fotos zusammengepackt und beiseitegelegt, um wieder auf meinen Aufenthalt im Dorf Mitte November des vergangenen Jahres zurückzukommen, zu meinen Erkundungen und damit auch zu meinen Notizen im Wachstuchheft. Wegen einer Grippe, die ich schon einige Zeit in mir verspürt hatte, verbrachte ich jedoch das Wochenende im Bett und stand erst gegen Sonntagabend mit matten Gliedern und einer glühenden Stirn auf.
Kurz nach sechs suchte ich im Radio einen deutschen Sender, um die Ergebnisse der Wahlen zum Bundestag zu hören. Als feststand, daß die Deutschen wieder einmal vor lauter Ruhe- und Sicherheitsbedürfnis, vor Sozialistenangst und Rezessionspanik in eine konservative Ecke gerutscht waren, als ich mir vorstellte, wie sich die Unternehmerschaft die Hände rieb, wie der künftige Kanzler seine selbstzufriedene Genugtuung zeigte und den Bürgern für ihr Vertrauen dankte, schaltete ich die verzerrten und von Rauschen begleiteten Stimmen ab. Jetzt sitze ich wieder am Schreibtisch und komme auf einen Wunsch zurück, den ich schon hatte, als ich ins Dorf fuhr.
Ich möchte Geschichten erzählen. Damals, in Trutzhain, hatte ich erwartet, daß ich von den Bewohnern Geschichten hören würde, die ich einfach nur niederzuschreiben brauchte. Während meines Besuchs hatte ich aber immer das gleiche erfahren: Ich wurde von einem zum anderen verwiesen. Jener könne mehr erzählen, hörte ich, jener sei von Anfang an dabei gewesen, zu dem solle ich gehen. Kam ich dann zu der mir empfohlenen Person, wurde ich zur nächsten geschickt. Bald war mir klar, daß niemand im Dorf etwas über den anderen erzählen wollte: keine

Geschichten, keine Episoden, Anekdoten und nicht einmal offene Geheimnisse. Was mir berichtet wurde, betraf Tatsachen, blieb in Andeutungen stecken oder begnügte sich mit Hinweisen, so als wüßte ich schon, was gemeint war, als wäre ich dabei gewesen.

2

Als ich mich am dritten Tag meines Aufenthalts in Trutzhain auf den Weg machte, um einige Dorfbewohner zu besuchen und nach Einzelheiten auszufragen, machte ich, einem plötzlichen Entschluß folgend, einen Umweg und bog von der Ziegenhainer Straße in den Seilerweg ab. Mit diesem Weg, mit der Person des Seilers, der in einer Holzbaracke arbeitete und jetzt noch dort wohnt, und mit dem Geruch der Hanffäden verbindet sich für mich ein Gegenstand, den ich als Kind besaß und an den ich auf meinem Gang denken mußte. Es war

Ein Lasso

Der Seiler hatte mir einmal, als ich etwa zehn Jahre alt war, ein Lasso gemacht. Ich hatte ihn selbst darum gebeten. Es sollte an einem Ende eine eingearbeitete Schlaufe haben und bis dorthin, von der Mitte ab, sich allmählich verstärken, damit es sich besser werfen ließ. Auf meinen Wunsch hin hatte der Seiler das Lasso auch eingefettet: geschmeidig mußte sich die Schnur durch die Schlaufe ziehen lassen und der Regen durfte ihr nichts anhaben. Mit diesem Lasso habe ich, was immer ich wollte, eingefangen. Was mir vor Augen kam, war meine Beute. Abends machte der alte S., dessen Sohn bei der Marine war, und der selbst etwas von einem Kapitän an sich hatte, mit dem über den Asphalt im Rhythmus seiner Schritte schnarrenden Stock seine Runde im Dorf. Ich hatte mich hinter einer Hecke versteckt. Er war mein erstes Opfer. Danach kamen die Schweine des Bauern an die Reihe. Sie suhlten sich auf einer Weide hinter dem Gelände der Kistenfabrik, bis ich sie alle, eins nach dem anderen, einfing. Das Lasso surrte über meinem Kopf, und die Schlinge legte sich um die Objekte meiner Neugier. Kaum fuhr der dicke Wagen des Holzfabrikanten vor dem Elektrogeschäft vor, war ich auf der Lauer. Die Frau des Fabrikanten öffnete den Wagenschlag und ihre zwei Rehpinscher hopsten heraus, zitternd trotz der abgesteppten Mäntelchen auf ihren Rücken. Der eine hatte nur drei Beine. Was für eine Chance hatte er gegen mein Lasso? Es war wie eine Liane im Urwald der riesigen Weiden, die um die Feuerlöschteiche standen. Wie hätte ich mich ohne das Lasso in die Schluchten der Sandgrube hinablassen können? Womit hätte ich die Fallen an der Lichtung bei der Ochsenwiese ausgelegt? Und wie hätte ich mich selbst fesseln können, um mich selbst zu befreien?

Die Holzbaracke des Seilers ist eine von dreien, die noch in der ›Altstadt‹ stehengeblieben sind. Wozu sie zur Zeit des Lagers einmal gedient hat, weiß ich nicht. Aber sie ist von einer angenehmen Proportion und mit heller, grauweißer Farbe angestrichen. Das Grundstück, auf dem sie steht, ist verhältnismäßig lang. Am Ende der Baracke, zur Ziegenhainer Straße hin, ist im Rasen ein kleines Gemüsebeet angelegt, vor der Kopfseite der Baracke stehen mittlerweile hochgewachsene Obstbäume so ruhig und in einem bewußten Abstand voneinander wie Figuren auf einem Schachbrett. Vor der Frontseite der Baracke zieht sich vom Weg her ein mit Platten ausgelegter Gehsteig, ebenso sauber eingefaßt wie ein auf halber Höhe befindliches, fast quadratisches Rosenbeet.

Als ich den Seiler an jenem Novembertag aufsuchte, war das Tor zur Werkstatt geöffnet. Er saß in der Nähe des Eingangs und rauchte. Ich begrüßte ihn und erzählte, warum ich im Dorf sei. Während wir uns ein wenig unterhielten, sah er mich nicht an.

Nur ich blickte manchmal auf seine gedrungene Gestalt und das eigensinnige Gesicht, in dem ich schon immer die buschigen Augenbrauen bewundert hatte. Er sprach in seinem sudetendeutschen Dialekt von den Splittergräben, die sie damals eigenhändig zugeschüttet hätten, alle zusammen, alle hätten sich damals gegenseitig geholfen und da, quer über das Grundstück, seien die Gräben verlaufen.

Dann erzählte er mir in wenigen Worten seine Geschichte. Nach dem Krieg war er nach Norddeutschland verschlagen worden, hatte dort von Trutzhain gehört, und so war er eben hierher gekommen mit seiner Frau. Aus ERP-Mitteln erhielt er 3000 Mark und fing wieder mit der Seilerarbeit an. Das lange Grundstück brauchte er, um lange Seile zu machen. Den Hanf erhielt er aus Hamburg. Mit einem Motorrad fuhr er in die umliegenden Dörfer und versuchte, Stricke und Schnur an die Bauern zu verkaufen. Die Leute aus der Schwalm waren mißtrauisch gegenüber den Flüchtlingen. Aber er hatte von seiner Arbeit leben können. Jetzt mache er nichts mehr, sagte er, er sei zu alt. Dann erklärte er mir das Drehen der Seile, und während er von seiner Arbeitsmaschine, von der Nachlaufstange und den Nachlaufhaken, von der Ein- und Ausschaltschnur sprach, erinnerte ich mich an den merkwürdigen Anblick, wenn an schönen Tagen aus dem Tor der Seilerbaracke die sandfarbenen Schnurstränge in den Garten hinausliefen und sich um sich selbst drehten, immer fester und fester. Dabei wippten sie im Wind, bis ihre Schwingungen unter der Spannung kürzer wurden. Der Seiler ging an den Schnüren entlang und kontrollierte sie.

Es war eine ruhige Arbeit, unscheinbar und wahrscheinlich für mich deswegen geheimnisvoll.
Nach und nach waren die Baracke und das Grundstück in seinen Besitz übergegangen. Der Quadratmeter sei billig gewesen, sagte er, nachgeschmissen, vielleicht 25 Pfennig oder 1 Mark 25, er wisse es nicht mehr. Er hatte immer bescheiden gelebt. Als ich ihn darum bat, zeigte er mir seine Wohnung. Die beiden kleinen Zimmer waren noch genauso eingerichtet wie vor dreißig Jahren, einfach, Möbel aus den Fünfzigerjahren. Einen Fernseher hat er nie besessen. Als ich die Wohnküche betrat, erinnerte ich mich daran, daß ich einige Jahre zuvor schon einmal darin gestanden hatte. Mein Vater hatte damals noch gelebt und auch die Frau des Seilers, die behindert war, schlecht sprechen und sich selbst nicht fortbewegen konnte. Er teilte mit ihr sein Leben in einer Geduld, die keiner im Dorf richtig verstanden hatte. Dabei war die Einfachheit ihrer Lebensweise beredt genug. Auf dem Tisch in der Mitte des Raumes hatte damals auf einem Holzbrett ein Brotmesser gelegen mit einer langen Klinge, die über Jahrzehnte hinweg vom unzähligen Schleifen ihre ursprüngliche Form völlig verloren hatte.
Wir gingen auch noch in die Werkstatt, und er zeigte mir die längst veralteten aber immer noch funktionierenden Geräte, die er zum Drehen der Seile brauchte. Aus den Holzwänden strömte der Hanfgeruch. Als wir uns langsam zum Eingangstor zurückbewegten, sah ich an der Wand aufgemalte Schriftzeichen und Ornamente. Amerikanische Besatzungssoldaten hatten hier ihre Namen verewigt und sie mit Eichenblättern umrahmt: Raimond Garery, Byron Hall, Forster Powell, Thomas Schwab, Robert Keck und James Josp. Beim Lesen dieser Namen erinnerte ich mich daran, daß auch noch in der Nachbarbaracke etwas von den Amerikanern zu sehen sein sollte.

Eine Weile noch stand ich mit dem Seiler vor seiner Baracke. Er hatte sich eine Zigarette angesteckt, eine der alten Marken, hustete und blickte vor sich hin. »Siehst du«, sagte er, »so ist das.« – Als wäre damit alles gesagt. Ich versprach, bei meinem nächsten Besuch wieder bei ihm vorbeizusehen und verabschiedete mich. Von den Obstbäumen in dem kleinen Vorgarten waren längst die Blätter abgefallen. Aber alle waren weggeharkt und der dichte Rasen leuchtete grün.

3

Auf halber Höhe des bis zur Hauptstraße führenden Seilerwegs bog ich in einen schmalen, zwischen zwei Maschendrahtzäunen freigelassenen Durchgang in Richtung Reichenberger Straße ab. Rechts von mir lag der parallel zum Seilerweg sich entlangziehende Mietshauskomplex mit insgesamt acht bis zehn Wohnungen. An seiner Stelle hatte zuvor ein aus der Lagerzeit stammendes Gebäude gestanden, das zumindest für uns Kinder zu den unheimlichsten im Dorf gehört hatte: das Gefängnis.

Die ehemalige Arrest-Baracke war aus Stein gebaut und in ihrer ganzen Länge von etwa 60 Metern von einem schmalen Mittelgang durchzogen. Davon gingen rechts und links die Türen zu etwa 40 Zellen ab. Wegen dieser Zellen hatte die Baracke, die nur halb so breit war wie die anderen, weder für wirtschaftliche Zwecke noch zum Wohnen benutzt werden können. Bis Anfang der Sechzigerjahre dienten deshalb die Zellen den Dorfbewohnern als Lagerräume für Brennmaterial. Für uns Kinder waren sie Versteck und ein Ort verbotener Beobachtungen.

Der Mittelgang war fast immer dunkel, bis auf die schmalen Lichtbahnen, die durch die kleinen Gucklöcher in den Türen fielen. Einige der Zellenpächter hatten diese Öffnungen verhängt, da in manchen Zellen Malereien der früheren Inhaftierten waren, die wir Kinder nicht sehen sollten. Mit Stöckchen haben wir die Sichtblenden beiseite geschoben. Es gab Zellen, deren Wände ganz mit Bildern in leuchtenden Farben ausgemalt waren. Menschen, Landschaften und Tiere waren dargestellt, Bilder, die durch das Guckloch immer nur in einem begrenzten Ausschnitt zu sehen waren und immer nur für kurze Zeit, weil man von dem Jungen, der als nächster anstand, weggeschubst wurde. Dies geschah besonders vor Zellen, in deren Sandverputz Schriftzüge und Darstellungen von Frauen eingekerbt waren. Nie konnten wir vom Guckloch aus die ganze Zelle überblicken und wurden meistens von dem durch die kleinen, mit schwarzen Eisenstäben vergitterten Zellenfenster einfallenden Licht geblendet. Dabei mußten wir immer auf der Hut sein, nicht erwischt und verjagt zu werden, denn das Betreten der Gefängnisbaracke war für uns verboten. Kam jemand, drückten wir uns hinter den Türpfosten gegen die Zellentüren und hielten die Luft an. Oder wir verkrochen uns unter dem Barackendach, nachdem wir ein paar den Mittelgang abdekkende Bohlen gelöst hatten. Dies ging so lange, bis die Baracke verkauft wurde. Die Türen wurden verschlossen, die Zellen geräumt. Manchmal noch schauten wir von außen durch die vergitterten Fenster in sie hinein. Aber der Reiz und das Geheimnisvolle waren mit einem Mal verlorengegangen. Wir gingen an der Baracke vorbei und beachteten sie kaum mehr. Aus dieser Zeit stammt meine Erinnerung an

In Höhe des Dorfgemeinschaftshauses hielt, kurz nach dessen Einweihung, auf der Königsberger Straße ein fremder Wagen, dem ein älterer Mann entstieg. Es war der Vater einer in diesem Teil des Dorfes lebenden Frau. Damals sprach man von einem Wunder, daß er die Gefangenschaft überlebt hatte und »nach Hause« zurückgekehrt sei. Der Mann nahm vom Beifahrersitz des Wagens einen kleinen, verschlissenen Koffer. Das Auto fuhr weg. Der Mann stand eine Weile auf der Straße und sah sich um, bis eine Frau hinter einer Baracke hervorgelaufen kam, mit ausgebreiteten Armen, seine Tochter.

Dieser Mann kaufte einige Zeit später, nachdem es hieß, er habe sich von den Strapazen der Gefangenschaft erholt, die Gefängnisbaracke. An deren unteren Ende ragte wegen des abfallenden Geländes der Backsteinsockel des Gebäudes mehr als eineinhalb Meter über den Boden hinaus. Im Keller unter der Baracke richtete er Hühnerställe ein. Die Tiere hatten ihren Auslauf seitlich zum Seilerweg hin. Mit den Kindern des Dorfes hatte der Mann oft seinen Ärger; sie hänselten ihn, weil er schnell aufbrauste. Ein ständiges Angriffsziel waren seine Hühner. Einmal traf mein Bruder mit einem Pfeil, dessen Ende mit einem Gummipfropfen versehen war, den Kopf eines Huhnes: es wurde ohnmächtig. Dies war das erste und bisher einzige Mal, daß ich ein Tier habe »das Bewußtsein« verlieren sehen.

Im Dorf fragte man sich, warum der alte Mann die Gefängnisbaracke gekauft hatte. Sie war feucht und kalt und man konnte keine Wohnungen darin einrichten. Gleichzeitig wurde das Gerücht laut, er wolle aus der Baracke ein Mietshaus machen. Man fragte sich, wie er das wohl schaffen würde. Ein, zwei Jahre vergingen, ohne daß etwas geschah. Die Zweifler im Dorf schienen recht behal-

ten zu haben. Doch die Tochter des Mannes erzählte, ihr Vater könne an nichts anderes denken als an das Mietshaus, er habe unter der Gefangenschaft sehr gelitten.
Eines Tages lehnte an der Baracke eine lange Obstbaumleiter. Der Mann stand auf einer der obersten Sprossen. Mit einem Stück Kreide malte er auf die linke Seite der Giebelwand das erste große Fenster auf, in der Mitte das Fensterkreuz, einen Griff zum Öffnen und um das Ganze rundherum einen Fensterrahmen. Über die breite Holztür in der Mitte der Giebelseite zeichnete er mit der Kreide eine breitere Tür auf, eine Haustür mit einer Klinke. Rechts davon entstand wieder ein Fenster, ähnlich dem linken. Die Kreidestriche waren zittrig und unregelmäßig, die Zeichnungen wirkten unproportioniert, aber was sie darstellten war eindeutig. Das alles geschah nicht an einem Tag, sondern zog sich über Wochen hin, bis auch die Seitenwände bis zur Mitte der Baracke mit Fenstern aus Kreide versehen waren. Aus diesen heraus schauten die vergitterten Luken der Gefängniszellen.
Der Mann sprach seitdem von »seinem neuen Haus« und war stolz, als seien mit den Vorzeichnungen auch schon die Wohnungen entstanden. Wieder dauerte es Jahre, bis tatsächlich der vordere Teil der Baracke eingerissen und abgetragen wurde und eine Baugesellschaft, Teile vom Fundament des alten Gebäudes verwendend, ein Haus mit zwei Stockwerken und vier Wohnungen hochzog. Der Mann hatte es den Zweiflern im Dorf bewiesen, sie hatten das Nachsehen. Sein Sohn, so hieß es, habe den Bau finanziert. Mit seiner Hilfe hatte der Mann seinen Traum verwirklicht, das Gefängnis war in ein Mietshaus verwandelt worden. Allerdings soll er in den folgenden Jahren verbittert gewesen sein, weil er, wie die anderen Bewohner, in seinem eigenen Haus, wie er es nannte, Miete bezahlen mußte. So war die Zeit seiner Träume plötzlich in ihrer Verwirklichung aufgehoben und zu-

gleich verloren und vergangen. Man sah ihn selten im Dorf. Die Hühner hatte er abgeschafft. Manchmal fuhr er noch mit dem Fahrrad in die Stadt, ein plötzlich gealterter Mann. Irgendwann kam er ins Krankenhaus und starb.

4

Ich war bis zum Ende des Durchgangs gelaufen und stand an der Reichenberger Straße, vor mir lag der Bungalow des ehemaligen Webereibesitzers, ein von Trauerbirken und Sträuchern halbverdecktes flaches Haus aus Sandstein. Links davon öffnete sich eine Wiese, auf der sich während der Anfänge der Siedlung der Sportplatz befunden hatte, rechts vom Haus begann nach einem mit Pappeln und Ahorn bestandenen Wiesenstück die ehemalige Webereibaracke. Zwischen den Bäumen hindurch erkannte ich noch das Ende der Kunstblumenfabrik, dahinter kam die um ein Drittel längere Baracke der Kistenfabrik zum Vorschein, an die sich, verdeckt von der Bepflanzung des Bungalow-Grundstücks, der sogenannte Holzplatz anschloß. Zu jener Zeit, als die Kistenfabrik noch produzierte, war er immer wie überschüttet von Stämmen und Brettern und von einer dicken Schicht Sägespäne bedeckt, die auch in zwei wie riesige Kisten aussehenden Silos gesammelt wurden. Mit diesem Holzplatz hängt ein Ereignis aus dem Jahre 1959 zusammen, das das ganze Dorf in Angst und Schrecken versetzt hatte:

Die Brandkatastrophe

Wäre am Morgen des 20. September 1959 ein Fremder ins Dorf gekommen, zufällig, weil er sich auf den Landstraßen verfahren hatte und haltmachen wollte, um nach dem richtigen Weg zu fragen, hätte er ein Schauspiel sondergleichen erlebt. Denn ohnehin schon über den Anblick der Baracken erstaunt, hätte er über deren Dächern, wie aus ihrer Mitte heraus, ein loderndes Flammenmeer gesehen, von wo auch immer er gekommen wäre, ob vom Eingang des Dorfes, von einer der Seiteneinfahrten oder vom Waldrand her. Von dort oben aus hätte er an diesem Kirmessonntag, das Dorf und die Schwalmebene überblickend, alles am besten gesehen und er hätte gehört, wie gegen acht Uhr früh die Sirene auf dem Feuerwehrturm zu heulen begann, immer wieder von neuem anhebend, als wollte sie nie mehr aufhören.

Die Sirene hat alle im Dorf aus dem Schlaf, vom Frühstückstisch weg, aus dem Badezimmer gerissen zum Fenster hin, vor die Tür, auf die Straße.

Mein Bett stand damals direkt gegenüber dem Nordfenster, und ich war mit dem ersten Heulton erwacht. Ich hatte die Augen aufgeschlagen und direkt auf das Fenster geschaut, auf die dünnen, grünen Vorhänge, die zu leuchten schienen, als würde die Mittagssonne darauf stehen. Weil das Heulen nicht nachließ und kein Traum war, hatte ich die Vorhänge beiseite gerissen und im Fenster nur Feuer gesehen. Weinend vor Angst und Schrecken war ich in den Flur gelaufen und hörte von meiner Mutter, daß nicht – wie ich gedacht hatte – die Baracken brannten, sondern eines der Sägespänesilos und der halbe Holzplatz. Erst hatte ich in meinem Schrecken nicht beruhigt werden können, mich aber dann, weil alle aus dem Haus rannten, schnell angezogen. Wenig später stand ich am Ende des schmalen Durchgangs zur Reichenberger Straße. Ich sah das Holzgerippe des mir riesig erscheinenden Siloschuppens im Feuer stehen, an die vierzig Meter hoch schlugen die Flammen in den hellblauen Himmel, an dem sich dunkle Rauchwolken bildeten. Ein ohrenbetäubendes Prasseln und Knistern war zu hören, ein unvorstellbar

großer Kamin heizte das Dorf, und es schien aussichtslos, das Feuer unter Kontrolle bringen zu können.
Ich hatte mich an einem Zaunpfahl festgehalten, wurde von Feuerwehrleuten zur Seite gedrängt, die Straße hinauf und hinunter sammelten sich immer mehr Leute aus dem Dorf. Über den schmalen Weg, den ich gekommen war, wurden Schläuche ausgerollt von der Brandstelle zu dem Feuerlöschteich hinter unserem Haus. Der Lack an den Dachrinnen des mehr als 30 Meter vom Brandherd entfernt gelegenen Bungalows beginne zu schmelzen, hieß es plötzlich. Da der Webereibesitzer und seine Frau verreist waren, wurde die Tür aufgebrochen und das Haus ausgeräumt. Auf den Dächern der beiden Baracken, die zur Kistenfabrik gehörten, auf dem Dach der Kunstblumenfabrik und der Schidleja-Baracke – überall standen Menschen und schütteten aus Eimern Wasser über die Dachpappe. Ihre Köpfe waren alle dem Feuer zugewandt. Die Sirene auf dem Feuerwehrturm war plötzlich verstummt, stattdessen waren wie ein Echo die Sirenen aus der Kreisstadt und der umliegenden Dörfer zu hören.
Plötzlich sank der Druck auf den Hydranten im Dorf ab, längst hatte der ganze Holzplatz um das Silo herum zu brennen begonnen, aus den Rauchschwaden traten Männer hervor und schleppten noch nicht von den Flammen ergriffene Stämme und Bretter über die Straße. Neue Feuerwehren trafen ein, vom 2500 Meter entfernten Schwalm-Fluß wurden Schlauchleitungen gelegt, die am Anfang der Ziegenhainer Straße in einen großen Wassersack mündeten, aus dem das Wasser zu den Spritzen am Brandplatz verteilt wurde. Die Frauen sammelten alle Milch, die sie im Dorf auftreiben konnten, um sie den Feuerwehrleuten zu trinken zu geben. Die Glut fraß sich unter der dicken Sägespäneschicht des Platzes hindurch wie bei einem Moorbrand und brach plötzlich in Flammen aus.

Ich konnte den Blick vom Holzgerippe des Silos nicht abwenden. Schwarz und zugleich glühend standen noch die Haupt- und Trägerbalken. Das Gebläse, das sich auf dem Dach befunden und während der Sägearbeiten die durch Rohre geleiteten Späne in das Silo geblasen hatte, war unter einem lauten Ächzen, gefolgt von einer auflodernden und mit Asche vermengten Stichflamme in den Brandherd eingebrochen, in die meterhohen Sägespäneberge im Innern des Silos, das manchmal so voll gewesen war, daß sich die Bretterwände nach außen bogen und zu bersten drohten. Mit Stiefeln und in alten Kleidern waren wir dort mit einem Bollerwagen das Sägemehl für die Öfen holen gegangen, waren auf den Sägespänebergen herumgesprungen, hatten uns von den Gipfeln herab in die weiche Masse fallen lassen, um später wie mit Mehl bestäubt, mit greisenhaft hellen Haaren und Augenbrauen, mit Holzgeschmack auf den Lippen und einem Jucken am ganzen Körper die Späne in den Wagen zu schippen und nach Hause zu fahren.

Die Flammen loderten ungehindert. Das Wasser verdampfte, bevor es sie traf. Erst als der Wind sich drehte und sie von den umliegenden Baracken fort nach Westen drückte, erst als eine Einheit von Bundeswehrsoldaten anrückte und über Eisenrohre das Wasser mitten in den Brandherd hineinpumpte, sanken die Flammen und legte sich die Angst. Bis zum Nachmittag des darauffolgenden Tages waren Brandwachen aufgestellt, weil man Schwelbrände befürchtete. Die Straßen waren naß, die Bürgersteige aufgeweicht vom Wasser, im Dorf hatte sich der Brandgeruch bis in die Hausflure hinein festgesetzt. Aber die Gefahr war gebannt. Das ganze Dorf hätte brennen können. Der Fremde am Waldrand hätte ein Flammenmeer gesehen wie ich in den darauffolgenden Monaten Nacht für Nacht in meinen Träumen, die mir in der Erinnerung zu einem einzigen Traum verschmolzen, dem ersten, der mir zu Bewußtsein kam und mir bewußt geblieben ist.

5

Ich ging über die Reichenberger Straße hinweg und durch den Garten zu dem auf der Rückseite des Bungalows liegenden Eingang. Die nach dem Tod ihres Mannes allein lebende Frau öffnete mir und empfing mich mit der gleichen Herzlichkeit wie früher, als ich noch als Jugendlicher ihren Rasen mähte und mir damit ein paar Mark verdiente. Ich betrat eine breite mit Naturstein ausgelegte Diele, deren Großräumigkeit ich schon damals bewundert hatte und mit der ich, wie mit dem im Wohnzimmer befindlichen Kamin, den Wohnstil wohlhabender Leute verbunden hatte. Wir setzten uns, wechselten ein paar Worte darüber, wie es so ginge, und die Frau erzählte mir, daß sie für alle Nichten und Neffen »drüben« nun endlich die Päckchen gepackt habe, gerade heute habe sie das letzte Paket fertig gemacht und ich solle nicht glauben, daß es denen »drüben« mittlerweile besser ginge als vor zehn oder zwanzig Jahren. Sie habe den Brief eines Verwandten erhalten, der ohne Zensur die Grenze passiert habe und in dem genau geschildert sei, was es in der DDR immer noch nicht gebe, immer noch alles wie vor 20 Jahren, sagte die Frau, keine richtige Schokolade, keinen anständigen Kaffee, keine guten Hemden – und wir »hier drüben« hätten alles im Überfluß.
Sie zündete sich eine Zigarette an und wir kamen auf mein Anliegen zu sprechen. Sie meinte, daß sie mir so viel gar nicht erzählen könne, da sie erst später von ihrem Mann nach Trutzhain geholt worden sei, als schon die schlimmsten Jahre vorbei waren. Ihr Mann sei einer der ersten

Fabrikanten im Dorf gewesen. Angefangen habe er mit einfachen Handwebstühlen, auf denen er zusammen mit einem Meister Flickerlteppiche gemacht habe. Irgendwoher habe er dann aus einer halb ausgebombten Weberei mechanische Webstühle kaufen können, oder eigentlich nur deren Einzelteile, die er dann mit dem Meister zusammengebastelt habe. Aber an das Büro ihres Mannes könne sie sich noch genau erinnern: der Schreibtisch war eine Türplatte und das Bett war auch eine Türplatte mit einem Strohsack darauf, so habe alles angefangen...

Wir wurden von einem Schellen an der Tür unterbrochen. Zwei junge Männer in blauen Monteuranzügen kamen herein und holten den Farbfernseher ab. An seiner Stelle ließen sie einen kleinen Schwarz-Weiß-Apparat zurück, bei dem man die Sender noch mit einem Rädchen an der Seite einstellen mußte. Die Frau war unglücklich darüber und bat die Männer, ihr ihren Apparat so schnell wie möglich zurückzubringen. Mir erklärte sie, daß sie ohne Fernseher gar nicht wisse, was sie tun solle, jede Sportsendung sehe sie sich an und ausgerechnet heute abend käme ein Fußballspiel, das sie dann wohl oder übel auf diesem vorsintflutlichen, lächerlich kleinen Bildschirm verfolgen müsse, und noch nicht einmal in Farbe.

Wir kamen auf das Dorf zurück. Ich wollte Einzelheiten erfahren, Ereignisse, Geschichten. Wie war das mit der Modenschau Anfang der Fünfziger? – Ja, eine Modenschau habe es damals gegeben. – Und Geschichten? – Jetzt, so plötzlich, würde ihr nichts einfallen. Aber manchmal, wenn sie mit ein paar von den Übriggebliebenen zusammensitze, würde sich eine Geschichte an die andere reihen und sie würden aus dem Lachen nicht herauskommen. Künstlich könne man das nicht erzeugen. Etwas fiel ihr doch ein, eine Gemeindeversammlung, die wegen des Andrangs in die Turnhalle verlegt wurde. Aber als sie mir den Anlaß und den Verlauf dieser Versamm-

lung darstellte, benutzte sie nur wenige Worte, nannte wie hinter vorgehaltener Hand einige Namen und ihre Erzählung verknappte alles so sehr, daß ich mir keine richtigen Vorstellungen machen konnte. Anschließend nannte sie mir, wie zur Entschuldigung, einige Leute im Dorf, die besser darüber Bescheid wissen müßten. Dann redeten wir noch ein wenig hin und her und ich verabschiedete mich.
Ich ging die Reichenberger Straße hinunter und klingelte bei dem ehemaligen Meister der Weberei, die 1964 verkauft worden war, gerade rechtzeitig, wie mir die Frau gesagt hatte, wohl mit Recht, denn Anfang der Siebzigerjahre wurde der Betrieb aufgelöst.
Der Webermeister wohnte unterm Dach des Hauses, das als eines der ersten im Dorf gebaut worden war. Im Erdgeschoß lebte sein Sohn, der es übernommen hatte. Wir sprachen ein wenig und ich sah ihm an, daß er müde war. Sein ganzes Leben hatte er gearbeitet. In Trutzhain war er jeden Morgen früh um fünf Uhr aufgestanden, um die großen Öfen in der Baracke anzuheizen, damit die ersten Arbeiter, die um sechs Uhr von auswärts oder aus dem Dorf kamen, es warm hatten. Gearbeitet wurde in zwei Schichten bis nachts um zehn und oft auch länger, wenn es Aufträge zu erfüllen gab. Ja, am Anfang sei es anders im Dorf gewesen, da hätten die Leute zusammengehalten, aber jetzt, er gehe kaum noch raus. Geschichten konnte er mir nicht erzählen, nannte mir aber ein paar Namen von Personen, zu denen ich gehen könnte. Dort würde ich mehr Erfolg haben.
Ich bedankte mich und ging. Nach einigen Besuchen bei anderen Dorfbewohnern, die mit dem gleichen Ergebnis der verschwiegenen Zurückhaltung oder mit einem Sich-nicht-erinnern-können endeten, war ich wieder zu Hause. Ich blätterte in meinem Wachstuchheft. Dieser Mittwoch hatte kaum etwas Neues ergeben. Am Nachmittag las ich in der mit Schul- und Klassenfotos versehe-

nen Schulchronik, die neben hervorgehobenen Veranstaltungen auch Kleinigkeiten verzeichnete. So hatten zum Beispiel Schulkinder an Nachmittagen von dem Feld, auf dem der Sportplatz am Waldrand entstehen sollte, Steine gelesen. Ich rechnete und folgerte, daß auch ich unter diesen Kindern gewesen sein mußte, konnte mich aber an nichts erinnern. Später blätterte ich in den Akten mit Protokollen von Gemeindevertretersitzungen aus den Jahren 1959 bis 1968 und entzifferte die handschriftlichen Zusätze meines Vaters, die meistens aus Zahlen bestanden, die die Verlegung der Kanalisation und Gebühren für Anlieger, für Straßenreinigung, für Erschließungskosten betrafen, ausgerechnet bis auf den Pfennig bei Berücksichtigung von jedem Quadratzentimeter Land. Und gewiß war es nicht zufällig, daß mir gerade angesichts dieser Pfennigbeträge klar wurde, daß ich die Menschen im Dorf mit meinen Fragen nach Geschichten überfordert hatte. Denn ihnen war es damals wie heute um ihren Alltag gegangen, um Geldsorgen, um Arbeitsstunden, um Krankheits- und Wohnprobleme. Und heute waren es die Probleme des Alleinseins, die mit dem Fernseher und die mit dem Älterwerden. Geschichten hatten in dieser Geschichte nur Platz, wenn man für ein paar Stunden sich von ihr frei machen, sie vergessen konnte, um sich in Erinnerungen zu verlieren.
Als ich hierüber nachdachte und gerade das Protokoll einer Sitzung überflogen hatte, in dem einem Gemeindevertreter vorgeworfen wurde, sich des Dorffahrrads bemächtigt zu haben, erinnerte ich mich plötzlich daran, daß ich mir in der Nachbarbaracke des Seilers eine Zeichnung aus der Zeit der amerikanischen Besatzung hatte ansehen wollen. Ich machte mich, da es noch hell genug war, gleich auf den Weg und lief die Königsberger Straße bis zur Holzbaracke hinunter, in der der Drechsler seine Werkstatt gehabt hatte. Seit seinem Tod stand sie leer. Zu-

erst sah ich von der Straße aus durch die Fenster, ohne etwas entdecken zu können. Da war lediglich der große Raum, in den er die von ihm angefertigten Möbel gestellt hatte. Ich ging um die Baracke herum und sah von der anderen Seite durch eines der Fenster in diesen Raum hinein. Deutlich konnte ich nun an der mir gegenüberliegenden Wand eine auf die Holzverschalung in mittlerweile verblassenden Farben aufgemalte Figur erkennen, die nichts anderes darstellte als die amerikanische Freiheitsstatue.

IM WEICHBILD DER GEGENWART

I

Am Vormittag ging ich die Hauptstraße hinauf bis zu der Stelle, wo die Schulbaracke gestanden hatte. 1978 war sie abgerissen worden. Dies war ein bislang einmaliger Fall gewesen, denn abgesehen von den meisten Holzbaracken, der Lagerkirche und einigen Klobaracken, und abgesehen auch von dem zweistöckigen Haus des Bäckers, das aus der ursprünglich dort stehenden Wachbaracke nach und nach herausgebaut worden war, wurde bislang noch nie eine der Fachwerkbaracken abgerissen. So stehen immer noch 27 von ihnen an der Hauptstraße, während sich die restlichen 13 aus der Lagerzeit stammenden Gebäude im westlichen und nordöstlichen Teil befinden. Von ihrem baulichen Charakter her sind die Baracken kaum verändert worden. Zum Teil wurden ihre Außenwände verkleidet oder das Fachwerk wurde durch massive Steine ersetzt. Viele Besitzer haben auch versucht, die Giebelfronten neu zu gestalten, oder es wurden kleine Aus- und Anbauten vorgenommen, um der Baracke wenigstens zum Teil etwas von ihrem als trostlos empfundenen Gesicht zu nehmen.
Der bauliche Zustand der Schulbaracke war allerdings so schlecht gewesen, daß sich ihre Umgestaltung oder Vermietung nicht lohnte. Nach ihrem Abriß wurde das Gelände eingeebnet. Es entstand ein freier Platz. Auf diesem errichtete 1979 die Stadtsparkasse zusammen mit der Bundespost ein Gebäude, das – so neu es auch ist – mehr an ein ›modernisiertes‹ Barackenstück erinnert als die anderen wirklichen Baracken. Es könnte aber auch eine Garage sein oder eine öffentliche Toilette und vermittelt den Eindruck, daß dieses zentral gelegene und täglich benutzte Gebäude so wenig wie nur möglich kosten sollte. Es dient, wie vor vierzig Jahren die Baracken, nur seinem Zweck.
So häßlich wie dieser Bau, so angenehm anzusehen schien

mir die alte, etwas weiter oben gelegene Turnhallenbaracke. Kurze Zeit zuvor war sie renoviert worden und wirkte sauber mit den von den dunklen Fachwerkbalken abgesetzten weißen Flächen. Vor ihrem Eingang steht eine Linde, wie auch auf der anderen Seite vor der Baracke der ehemaligen Kistenfabrik. An ihrer Ostseite zieht sich in der ganzen Länge ein zwei Meter weit hervorstehendes Dach über einen Gang. Zu Lagerzeiten war hier die Essensausgabe für die Gefangenen gewesen, während die jüdischen Insassen hinter den breiten, hochschiebbaren Fenstern unter dem Gang Kaufläden eingerichtet haben sollen. Heute ist die Baracke zur Hälfte bewohnt, zur anderen Hälfte ein Lager für Holzfurniere. Die Auffahrt zum Holzplatz, auf dem vor allem ausgediente Fahrzeuge abgestellt werden, liegt öde und verlassen da.
Ich war auf meinem Weg zum Wald von der Hauptstraße abgebogen und folgte dem schmalen Zwittauerweg zwischen der ehemaligen Munk- und Schidleja-Baracke. Wo früher die Tischlerei untergebracht war, lagern jetzt Rollläden einer Firma in Ziegenhain, die Räume der ehemaligen Näherei sind zu Wohnungen ausgebaut worden. Überhaupt gibt es nur noch fünf Baracken im Dorf, die nicht zu reinen Wohnzwecken benutzt werden.
Am Ende des Zwittauerweges stieß ich auf eine der wenigen stehengebliebenen Trauerweiden, die hier früher an einem Teich gestanden hatten. Der Teich war zugeschüttet worden. Auf der Rasenfläche stand eine Bank zum Ausruhen. Ich ging auf dem Badeweg daran vorbei bis zur Einmündung der Danziger Straße, die von der Hauptstraße aus genau auf die neue katholische Kirche zuführt, die aus einem hochgezogenen spitzwinkligen Dach besteht und in dieser Architektur an Zelte erinnern sollte, die sich im Nordosten des Stalags befunden hatten. Das nördlich davon gelegene Schwimmbad, auf das das Dorf einst stolz gewesen war, weil es sonst in der Umgebung

keine Bademöglichkeit gegeben hatte, war ebenfalls verschwunden. An seiner Stelle befand sich jetzt hinter der von Pappeln gesäumten Straße ein ungleichmäßig mit Gras bewachsener Platz mit einigen Turn- und Spielgeräten für Kinder. Gegenüber, auf der anderen Seite des Badewegs, sah ich auf die Rückseiten von drei Fachwerkbaracken, die das Ende des Gefangenenlagers gebildet hatten, in dem die russischen Soldaten unter strenger Bewachung und abgeteilt vom übrigen Lager untergebracht waren. Als ich die letzte dieser Baracken erreichte und damit gewissermaßen den früheren Lagerbereich verließ, drang das schwache Rattern der Maschinen der Brokatweberei an mein Ohr, die in dieser Baracke angefangen hatte und in den Fünfzigerjahren in einem parallel zu ihr stehenden Fabrikgebäude untergebracht worden war.

Nun erst begann einer der neuen Teile des Dorfes, der mit seinen Neubauten und villenartigen Häusern nur noch auf die Gegenwart hinwies, während ich, durch den alten gehend, ständig mit der Herkunft des Ortes konfrontiert gewesen war. Die Häuser, die hier auf dem sogenannten ›Struthfeld‹ erbaut worden waren, unterschieden sich bereits von denen der Fünfziger- und Sechzigerjahre, die lediglich die Funktion zu erfüllen hatten, Wohnraum für je zwei Familien zu bieten. Die Häuser im ›Struthfeld‹ dagegen wirkten in ihrer individuellen Architektur und in ihrem Dasein als Eigenheim wie voneinander isolierte Zellen. Bei manchen der meist jungen Grundstückseigentümer hatte das Geld allerdings nicht mehr zum Bauen gereicht, sondern nur für die Anlage kleiner Gartenstücke und Schuppen, um die herum sich Gerümpel und Abfall sammelte.

Das Neubaugelände reicht bis zum Sportplatz, an dessen westlich gelegenem Rand früher, als die Vergabe und Bebauung von Plätzen noch unter der Aufsicht des Gemeinderates erfolgte, der Bau einer Turn- und Festhalle geplant

war. Nun steht dort ein flaches, langgezogenes Gebäude aus Beton mit Fenstern aus Sichtglassteinen, die Näherei für Damenoberbekleidung, wieder ein Zweckbau, eine moderne Baracke.
Ich ging die Böschung zum Sportplatz hinauf und bemerkte zuerst die erst vor kurzem errichtete Flutlichtanlage, gewiß der Stolz des Sportvereins, und ich fragte mich, wie oft im Jahr sie wohl benutzt wurde. Der Sportplatz, der für lange Jahre einer der geräumigsten und am schönsten gelegenen im damaligen Kreis Ziegenhain war, machte einen ungepflegten Eindruck. Vor den Toren standen große Wasserlachen, der Platz zeigte Senken und Mulden und war lange nicht mehr ausgeglichen worden. Ich ging über die von Unkraut bewachsene Aschenbahn in Richtung des Waldes. Am Ende des Platzes sah ich den Rohbau eines kleinen Hauses, das vom Sportverein als Umkleide- und Duschgelegenheit errichtet worden war. Wenn ich mich recht erinnere, stand es in diesem Zustand schon zwei Jahre so am Waldrand. Als ich näherkam, bemerkte ich allerdings eine Veränderung: inzwischen waren Türen eingesetzt worden. Eine Kleinigkeit war also doch geschehen. Es sah so aus, als sei freiwillige gemeinschaftliche Arbeit mittlerweile nur noch schwer zu organisieren. Doch immerhin gab es ja die Flutlichtanlage, ohne die das Dorf dreißig Jahre lang hatte auskommen müssen, obwohl die Flüchtlinge aus Trutzhain zeitweise eine beachtliche Fußballmannschaft auf die Beine gestellt hatten.

2

Seitlich des Waldes ging ich weiter in nördlicher Richtung den Hügel hinauf, bis ich sowohl das Hinterland, wie auch, wenn ich mich umdrehte, das Dorf und die

Schwalmebene in einem weiten Blick überschauen konnte. Ich sah zuerst die von Neubauten umgebenen, rechts und links der Hauptstraße wie aufgereiht erscheinenden Baracken, zwischen denen die kahlen Äste von Bäumen herausragten. Um das Dorf herum streckten sich Felder, durchschnitten nur von der neuen Verkehrsstraße, ein graues scharfkantiges glänzendes Band. Dahinter lag das Schwälmerdorf Steina mit seinen Fachwerkhöfen in der Ebene, die sich bis zu dem einen Halbbogen von Westen nach Norden beschreibenden Horizont hinaufschob. Dieser Horizont war so glatt und beinahe gleichmäßig gekrümmt, daß ich mir als Kind eingebildet hatte, hinter ihm würde sich eine grenzenlose Schlucht auftun, aus deren Tiefe die Wolkenberge emporquollen, um über die Sichtgrenze hervor- und mir entgegenzutreten. Oft kamen diese Wolken von Westen her, wo die ehemalige Kreisstadt gelegen ist. Von den davor sich ausbreitenden Wiesen steigen an sonnigen Tagen Segelflieger auf, die in langen Schleifen über der Ebene kreisen. Jetzt sahen die Wiesen verlassen aus und die Landschaft unberührt und weit.

Als ich mich wieder dem Wald und den in meinem Rükken liegenden Feldern zuwandte, die sich über wellige Erhebungen ausbreiteten, sah ich die dazwischen liegenden Baum- und Felsgruppen, die wir als Kinder »Inseln« genannt hatten. Ich folgte einem Weg am Waldrand, durch den die Felder vom Baumwuchs klar abgegrenzt wurden. Der Wald bestand aus hohen Fichten, Kiefern und Buchen, ging dann aber, sich einen Hügel hinaufschiebend, in reinen Nadelwald über.

Hier begann das Gebiet, in dem im vorigen Jahrhundert Braunkohle abgebaut worden war. Ich suchte mir einen Weg in den Wald hinein, um zu einer Wiese zu gelangen, die von Fichten und üppig wachsendem Dornengestrüpp umrahmt war. Diese Wiese war für mich immer ein Platz vollkommener Abgelegenheit gewesen. Sie wirkte wie ein leeres stilles Zimmer, wie die langen hallenartigen Barackenräume meiner Kindheit. Ich überquerte sie, erreichte den Fichtenwald und befand mich wieder in den dunklen Kammern der dicht stehenden Bäume. Über den Boden breitete sich der weiche Teppich ihrer Nadeln. Ich kam an Erdlöchern vorbei, die noch aus dem Krieg stammten und entweder die Folge von Granateinschlägen waren oder Gräber, in die man tote Soldaten hineingelegt und später wieder ausgegraben hatte. Als Kind hatte ich mich oft in diesen Löchern versteckt. Überhaupt war der Wald für die Kinder im Dorf ein einziger Spielplatz gewesen. In den Fünfzigerjahren hatte es in Trutzhain viele Banden gegeben, deren Kämpfe untereinander oft im Wald ausgetragen wurden. Die älteren Jugendlichen hatten dabei manchmal Waffen bei sich gehabt, die sie in den Teichen und unter den Barackendielen gefunden hatten. Damit hatte es einen lebhaften Tauschhandel gegeben. Ab und zu hallten auch Schüsse durch den Wald, die von Schießübungen der Banden herrührten.

Ich war wieder an den Waldrand gelangt, von dem aus ich nach Osten blicken konnte auf das von einem Hügel halb verdeckte Dorf Obergrenzebach. Im Westen und Norden lagen Felder. Der Dorfschullehrer hatte die Namen der Feldgebiete auf einen Zettel geschrieben: Deuterrod mußte nördlich von mir liegen, Eiskaut und Roth östlich, Gutsacker und Rohracker im Westen, und in jenem Gebiet, durch das mich mein Weg geführt hatte, grenzten Rottland, Hornskuppe, Rehstein und Kirschbaumacker aneinander. Der Hügel, der mir die Sicht auf Obergrenzebach halb verdeckte, hieß der Leidensberg. Als Bezeichnungen größerer Gebiete waren mir bekannt das Struthfeld, auf dem jetzt die Gemarkung Trutzhains liegt, der Kessel und der Umgang, zwischen denen das Braunkohlebergwerk lag, und der Männerwald, in dem sich die

Drei Teiche, die Ochsenwiese und die Sandgrube befinden. All diese Namen bedeuteten für mich ›Heimatkunde‹, waren aber auch Namen für wild gewachsenen Wald, für Höhlen und Verstecke, für Mäusejagden auf Stoppelfeldern, für Feuerstellen auf den ›Inseln‹.
Über den alten Weg zum Braunkohlebergwerk ging ich rasch zurück in Richtung des Dorfes. Die Kronen der Kiefern bildeten ein Gewölbe, ein unerreichbar hohes Dach. Ich kam an eine Stelle schon nahe dem Waldrand, an der der Schulleiter 1954 nach einem Lehrgang für Reformpädagogik seine »Schule im Grünen« zu verwirklichen versucht hatte. Ein etwa fünfzig Quadratmeter großes Stück zwischen den Kiefern war von Gestrüpp befreit worden, und zwischen den Baumstämmen wurden alte Tische und Stühle aufgestellt, die in der Schule erübrigt werden konnten. Weiter entfernt wurde ein Donnerbalken eingerichtet. Im Sommer hielt der Lehrer hier an schönen Tagen in seiner Waldschule Unterricht. Doch existierte diese Einrichtung nicht lange, inzwischen sind Büsche und Dornen über die Tische und Bänke gewachsen.
Ich trat vor den Waldrand und sah wieder das Dorf vor mir liegen.

3

Auf meinem Heimweg war ich an der Ecke Kohlenstraße und Breslauer Straße stehen geblieben und schaute in einen Garten, der an den ehemaligen Wasserbehälter des Stalags anschließt. Hinter ihm waren vier halb aus der Erde herausragende Betonpfeiler zu sehen, auf denen Wäschestangen befestigt sind. Diese Fundamente stammen noch aus der Lagerzeit, denn hier hatte einst hinter einer dreifachen Stacheldrahtbarriere ein Wachturm gestanden. Er begrenzte das Lager nach Norden hin.

Da schob sich mir plötzlich ein Erinnerungsbild vor Augen: Ich sehe aus dem Fenster der Baracke, in der meine Eltern bis 1955 wohnten, auf die kaum beleuchtete Königsberger Straße, als drei Männer an der gegenüberliegenden Barackenwand entlanggehen, zwei Polizisten und ein Jugendlicher aus dem Dorf. Ich sehe die Handschellen, mit denen seine Hände gefesselt sind. Wie Schatten bewegen sich die Gestalten. Ich erfasse alles in einem kurzen Moment. Die drei tauchen aus der Dunkelheit auf, werden von dem aus einem Fenster fallenden Lichtschein beleuchtet und verschwinden wieder im Dunkeln. Die Tatsache des Abgeführtwerdens, die Handschellen, das schweigende Nebeneinanderhergehen, das diffuse Licht der Beschattung setzte ich damals gleich mit dem Verbrechen. Es war öffentlich geworden, sichtbar auch für Kinderaugen hinter einer leicht zur Seite gedrückten, vor das Fenster gespannten Gardine.

Die zu jener Zeit heranwachsende Jugend fand wie ihre Eltern zu Beginn der Fünfzigerjahre kaum Arbeit und war im Krieg verwildert und vogelfrei aufgewachsen. Sie eignete sich ihre Gegenwart ohne Verpflichtungen an, benutzte sie, wie sie gerade war. Ich erinnerte mich an einen Zeitungsartikel aus dem Jahre 1953, den ich bei den Akten meines Vaters gefunden hatte: »In Lindau wanderten kürzlich drei junge Männer ins Gefängnis, weil sie sich bei einem Überfall als hoffnungslose Anfänger erwiesen hatten. Alle drei waren heimatlos, alle hatten hier und da einmal gearbeitet, nichts war von Dauer... Im gesamten Bundesgebiet gibt es rund eine halbe Million solcher Jugendlicher zwischen 14 und 25 Jahren, die darauf warten, in ein geordnetes Leben hineinzuwachsen. Ihre Vortrupps lungern in den Großstädten auf den Bahnhofsvorplätzen, in den Wartehallen, auf den Straßen herum. Sozialämter der Städte machen immer wieder Bekanntschaft mit ihnen. Aber auf dem ›Arbeitsmarkt‹ sind sie nicht ›gefragt‹. Eine ganze Armee steht abseits, ist hoffnungslos ...« Ein paar Jahre später, dachte ich, ist dann tatsächlich eine »Armee« gegründet worden und die Jugendlichen konnten in ein »geordnetes Leben« hineinwachsen, durften ein Jahrzehnt nach dem Krieg wieder Angriff und Verteidigung, töten und getötet-werden üben.

Inzwischen war ich die Kohlenstraße bis zur Posener Straße hinuntergegangen und an den Vierfamilienhäusern der Hessischen Heimstätte vorbeigekommen. Ich versuchte mich an die Namen derer zu erinnern, die dort wohnten. Die meisten von ihnen waren Arbeiter. Einmal war ich in einer der Wohnungen gewesen. Sie waren nicht groß und in keinem Fall luxuriös. Gleichwohl muß es denen, die hier im Jahre 1955 eingezogen waren, so vorgekommen sein, denn manche wohnten in diesen Häusern bestimmt besser als in ihrer Heimat vor dem Krieg. Viele hatten damals angegeben, was sie »zu Hause« alles verloren hatten. Neben dem Zeitungsausschnitt über die arbeitslosen Jugendlichen war mir eine Notiz aufgefallen, in der der Fall eines Flüchtlings beschrieben war, der durch falsche Angaben über seinen angeblichen Besitz zu einer größeren Schadensersatzsumme hatte kommen wollen. Ich stellte mir vor, daß die Möglichkeit, die wahren Verhältnisse, aus denen man kam, verschweigen zu können, auch etwas Verlockendes gehabt haben muß. Schließlich konnte man erzählen, was man wollte, es war kaum noch nachzuprüfen. Die eigene Vergangenheit bestand nur noch aus dem, was man anderen darüber mitteilte.

Bis zum Anfang der Hauptstraße folgte ich dann der alten B 454. Dabei fiel mir auf, daß die Baracke des Transportunternehmens auf der Seite des Busparkplatzes verbreitert worden war. Früher war diese Barackenseite von hohen Holzschiebetüren unterbrochen gewesen, die im oberen Teil ein schmales Band kleiner Fenster hatten. Diese Türen waren verschwunden. Statt dessen wurde die um

etwa einen Meter vorgezogene Seitenfront von lamellenartigen Leichtmetalltüren abgedeckt: die Busse waren inzwischen zu lang geworden und hatten nicht mehr in die alten, in der Querrichtung der Baracke eingebauten Garagen gepaßt.
Als ich schließlich in die Königsberger Straße einbog und auf der Höhe jenes Barackenteils anlangte, in dem meine Eltern einmal gewohnt hatten, suchte ich das Fenster, durch das ich beobachtet hatte, wie der Jugendliche abgeführt worden war. Ich stellte mich davor auf und sah auf die jenseits der Straße liegende Barackenwand. Die Eternitplatten, mit der sie verkleidet war, waren teilweise zerbrochen. Bewegungslos hingen hinter einem Fenster die Gardinen. Niemand kam die Straße herauf, niemand ging sie hinunter. Es war Mittag geworden, und ich wußte, daß meine Mutter mit dem Essen auf mich wartete.

4

Am Nachmittag besuchte ich die Kunstblumenfabrik. Als ich die Tür der Baracke öffnete, schlug mir sofort der unverwechselbare Geruch aus einer Mischung von Spiritus und Leim entgegen. Ich betrat den Verpackungsraum. In flachen großen Kartons waren die Kunstblumen einsortiert, eine Blüte neben der anderen, wie Konfekt auf Seidenpapier gebettet. Im Arbeitsraum begrüßte ich die Frauen an dem länglichen, von Kleister und Farben bunt gewordenen Tisch, setzte mich zu ihnen und beobachtete, während wir miteinander sprachen, wie sich in ihren Händen die Drahtstengel drehten und von grünem Band umwickelt wurden. Ich sah auf die an der Wand stehenden Regale, vollgestellt mit Kartons, an deren Rändern Muster von Trauben, Rosen und Phantasieblüten steckten. Zwingen, in denen die aus Zellwatte zusammengedreh-

ten Äpfel und Kirschen mit ihren bräunlichen Drahtstielen eingeklemmt waren, lagen auf rollbaren Gestängen in der Nähe des Tauchbades, wo sie ihre Farbe erhielten. Dann wurden sie in ein anderes Gestänge zum Trocknen eingeordnet, damit später die mit Leim punktierten Spitzen in grünen oder weißen Puder gesenkt werden konnten, um den Früchten den Rest ihrer alten Fruchtblüte, den Fliegenpilzen ihre weißen Punkte zu geben. Nichts hatte sich in dieser Fabrik geändert. Das erste Mal in meinem Leben, als ich mir in den Sommerferien mein eigenes Geld verdient hatte, arbeitete ich hier. Ich war umgeben von Blumen, von Farben und von verschiedenartigsten Blattmustern, die in einem kleinen Raum auf der anderen Seite des Mittelflurs mit einem großen Holzhammer und Stanzeisen aus mehreren Schichten mit Spiritusfarben eingestrichenen Stoffbahnen ausgestanzt wurden.
Auf meinem Rundgang kam ich auch in einen Raum, der mir immer wie eine »Eiskammer« vorgekommen war. In einer Ecke hatten übereinandergestapelt quadratische Blöcke aus Kunstwachs gelegen, wie gesägte Eisblöcke. Das Wachs war in einem Tauchbad erhitzt und verflüssigt worden, damit die aus Kreppapier gezogenen Friedhofslilien dort eingetaucht und gefestigt werden konnten. In das nach Arbeitsschluß langsam erkaltende Wachs habe ich zusammen mit dem Sohn des Blumenfabrikanten die Hände hineingehalten, bis sich wächserne Handschuhe um sie herum gelegt hatten. Damit gingen wir in der Dunkelheit auf die Straße und streckten unsere Hände Erwachsenen wie Kindern zur Begrüßung entgegen und empfanden Genugtuung über den Schauder, der sich bei der Berührung mit der kalten leblosen Hand auf den Gesichtern spiegelte.
Der Raum, der diese Erinnerungen in mir wachrief, war leer. Die Herstellung der Lilien lohnte sich nicht mehr, erklärte mir der Fabrikant, der mir auf meinem Weg ge-

folgt war. Er öffnete mir die Tür zu einem weiteren Raum, der nur zu Lagerzwecken benutzt wurde. Als ich ihn betrat, war ich nicht nur überrascht, sondern es wurde mir auch bewußt, daß ich ihn völlig vergessen hatte, obgleich ich hier als Kind oft gespielt hatte und obgleich er eindrucksvoll genug war. Denn die »jüdischen Durchgänger« hatten diesen Barackenteil zum einen als ihre Synagoge, zum anderen aber auch als Kino benutzt. Wände und Decke waren ausgemalt. Zwischen den Fenstern waren dorische Säulen angedeutet, die freien Wandteile rostrot getüncht, aufgelockert von tropfenförmigen Flecken aus Silberfarbe. Die Decke war in große blaue Vierecke unterteilt und in der Mitte des Daches breitete sich ein großer Davidstern aus. Der Fabrikant zeigte mir die Stelle, an der sich in einer Wand eine Durchreiche befunden hatte, die von den Juden als Kinokasse benutzt worden war. Erst vor kurzem habe er die Öffnung zugemauert. Dann überlegte er eine Weile und riet mir, auch noch in der Baracke seiner Eltern in der Breslauer Straße nachzusehen, in der sich die Blumenfabrik ganz zu Anfang befunden hatte. Auch dort mußten noch Malereien der Juden zu finden sein. Er gab mir einen Schlüssel für die Baracke, die von verschiedenen Vereinen als Abstellraum benutzt wurde.

In dieser Baracke fand ich an der Decke wieder den Davidstern und an den Wänden Symbole und Ornamente. Immer noch waren die Farben kräftig. Ich sah Gesetzestafeln mit hebräischen Schriftzeichen und auf grünen Grund gemalte blau und rot umrandete Blattmuster. Die Wände des aus Brettern bestehenden Flurs hatten eine Art mit Schablone aufgemalter Tapete, hellgrünes Geäder, das aus der Entfernung gesehen eine dichte und zugleich transparente Fläche bildete.

Als ich die Baracke verließ, konnte ich den Gedanken nicht loswerden, wie verwunderlich es doch war, daß diese »jüdischen Durchgänger« ein ehemaliges Kriegsgefangenenlager, von dem sie wußten, daß sie nur eine ganz begrenzte Zeit darin verbringen würden, so eigensinnig und intensiv nach ihren Bedürfnissen gestaltet hatten, daß man über den Malereien in den Baracken ganz vergessen konnte, wo man sich befand. Und ich mußte auch daran denken, wie oft ich in all diesen Räumen als Kind und Jugendlicher ein- und ausgegangen war, selbstverständlich die Bemalungen wahrnehmend, ohne jemals eine Frage danach gestellt zu haben, von wem sie stammten und was sie bedeuteten. Ist es vielleicht das, was man Heimat nennt: daß man nicht danach fragt, wie die Umgebung, in der man aufwächst, entstanden ist, sondern nur lernt, sich in ihr einzurichten mit seinem Glauben, seiner Tradition, seiner Phantasie, seinen Werten? Ist Heimat also der Ort, den man für sich in Besitz nimmt, ein Ort innerer Geschichte, der unabhängig ist von der Umgebung, in die er gesetzt wird? Und widerspricht dann die Inbesitznahme einer Umgebung, eines Hauses, eines Grundstücks dem Begriff des Heimatlichen, weil es die innere Haltung veräußerlichen, verräumlichen will? Ist also die Vorstellung der »Verlorenen Heimat« eine widersprüchliche Vorstellung, weil man nur etwas, was man materiell besitzt, verlieren kann?

5

Anschließend war ich bei den beiden Schwestern, die dreißig Jahre lang die Post im Dorf geleitet hatten. Seit einigen Jahren wohnten sie im Haus eines ehemaligen Lebensmittelhändlers und hatten den Barackenteil, in dem sich sowohl die Post wie auch ihre Wohnung befunden hatte, vermietet. Ich traf sie beim Plätzchenbacken an und setzte mich zu ihnen in die enge Küche. Bis 1953, so erzählten sie mir, hatten sie die Telefongespräche im Ort stöpseln müssen, weil die Hauptverwaltung in Treysa nicht geglaubt hatte, daß Trutzhain wirklich bestehen bleiben würde. Sie erzählten mir, wie schwierig das gewesen sei, immer zwischen der Postausgabe und der Schalttafel hin- und herzurennen. Ob sie mir denn nicht ein paar Geschichten aus dem Dorf erzählen könnten, fragte ich so selbstverständlich wie möglich. Denn auf der Post, so hatte ich mir überlegt, sind alle Geschichten zusammengelaufen, genauso wie die Telefonanschlüsse. Aber es entstand ein Schweigen auf meine Frage hin und ich sah zum, wie sie aus einem Gerät Weihnachtssterne auf ein schwarzes Blech drückten. Also sprachen wir über die Nützlichkeit dieses Gerätes und wieviel Arbeit es abnehme, da man mit seiner Hilfe die Sterne nicht mehr aus dem Teig ausstechen müsse. Dann fragte die ältere der beiden die Schwester, ob sie schon die Rolläden zur Straße hin heruntergelassen hätte, und sie erklärte mir, dies sei nötig, weil man selbst in Trutzhain vor Dieben nicht mehr sicher sei. Ich sah aus dem Fenster auf den Garten vor der Seilerbaracke. Mit einem Mal war es dunkel geworden, und die Frauen hatten noch nicht lange das Licht angeschaltet, als es zu donnern und zu blitzen begann und beinahe im selben Moment der Strom ausfiel. Eine Kerze wurde geholt und angezündet, und ein Weihnachtsstern nach dem andern entstand auf dem schwarzen Blech. Als das kurze Gewitter vorbei und das Licht wieder angeschaltet war, verabschiedete ich mich.

Durch den schon hereinbrechenden Abend ging ich an das entgegengesetzte Ende des Dorfes. Als ich in dem hinter dem Spielplatz gelegenen Haus des Malermeisters eintraf, war dieser gerade von einer Baustelle zurückgekehrt. Wir gingen in sein Büro, er setzte sich hinter den Schreibtisch, ich mich davor, und als erstes erklärte er mir seine neue Schreibmaschine, mit der er ohne Anstrengung Rechnun-

gen schreiben könne. Sie würde elektronisch gesteuert, ein kleines technisches Wunderwerk. Nach dieser Einleitung schlug er eine vor ihm liegende Akte auf. Da seien die alten Papiere drin, die Protokolle aus der Zeit der Gemeindevertretung, kaum zu glauben, was das manchmal für ein Kampf gewesen sei. Ich fragte ihn nach den Anfängen. Die Gewerbefreiheit habe ihn zu dem gemacht, was er sei, sagte er. Nicht einmal ganz einundzwanzig Jahre alt war er gewesen, als er seinen Betrieb gegründet hatte. Und jetzt könne er sich vor Aufträgen nicht retten. »Ich könnte auf der Stelle sieben Gesellen einstellen«, sagte er, »aber das Arbeitsamt kann mir keinen einzigen zuteilen, ist das nicht verrückt bei den vielen Arbeitslosen?« Währenddessen blätterte er in den Akten, schüttelte immer wieder den Kopf und lächelte. Ich wollte von ihm wissen, wann genau die Rotdornbäume an der Hauptstraße verschwunden seien. Er nannte mir keine Jahreszahl, aber sprach davon, daß die Anwohner sich über die Arbeit, die ihnen die Bäume machten, beschwert hätten, und als sei das ein völlig plausibler Grund für die Abholzung, kam er gleich anschließend auf die Zusammenlegung der Gemeinden zu einer Stadt zu sprechen. »Stellen Sie sich vor«, sagte er, »dieses Trutzhain ist als einzige von 12 Ortschaften, die zusammengelegt wurden, ohne Schulden ins Stadtparlament gezogen!« Der Malermeister hatte mir ein Bier eingegossen, ich trank davon und merkte, daß mir nicht mehr gegenwärtig war, was ich wissen wollte. Das Telefon läutete, die Frau des Malermeisters erinnerte ihn an einen Termin, und er bedauerte, sich von mir verabschiedend, daß er im Augenblick nicht mehr Zeit für mich habe. Draußen auf der Straße stand sein Hund, ein Boxer, der mir noch Angst gemacht hatte, als ich schon fast erwachsen war. Jetzt war er alt geworden und ließ sich von mir tätscheln, als wäre ich ein langjähriger Freund.
Ich ging zur Kohlenstraße hinauf, um jemanden zu besu-

chen, der damals in der Fischräucherei gearbeitet hatte. Ich wollte wissen, wie das aussah: der Raum, die Maschinen, die Bottiche, der Räucherofen. Neben dem Mann, der mir die Tür öffnete, stand ein kleiner Junge und hielt sich an den Hosenbeinen des Mannes fest, den er Opa nannte. Wir setzten uns in die von Neonlicht hell ausgeleuchtete Küche an den Eßtisch. Der Mann erwähnte, daß er in Neukirchen arbeiten gehe und auch oft am Wochenende nicht zu Hause sei. Über die Fischräucherei erzählte er kaum etwas. Das Wichtigste daran sei gewesen, daß viele im Dorf durch sie etwas zu essen hatten. Oft hätten sie bis spät in die Nacht arbeiten müssen, weil der Fisch nicht lange liegen konnte. Dann kamen wir auf die Feuerwehr zu sprechen. Der noch im Dorf lebende Brandmeister habe sie gut im Griff gehabt, so daß sie oft als erste Wehr die Brandstelle erreicht hätten, was jeweils eine Prämie von 50 Mark gebracht hatte. Auch wegen der Baracken hier sei die Feuerwehr wichtig gewesen, wenn es da einmal zu brennen angefangen hätte, wäre schnell alles in Flammen gestanden. Ich blickte vor mich hin auf den glatten Kunststoffbelag der Tischplatte. Über die Küchenwände zogen sich Schränke aus dem gleichen Material. In ihrer hellen Oberfläche spiegelte sich das Licht der Neonlampe. Die Atmosphäre in der Küche war nüchtern, kühl und zweckbestimmt. Während unseres Gesprächs war der Enkel des Mannes neben mich auf die Bank gerutscht und hatte versucht, mich dazu zu bringen, mit ihm zu spielen. Auf die Zurechtweisungen seines Großvaters hatte er kaum reagiert.

Als ich aus dem Haus ging, war es draußen völlig dunkel geworden. An diesem Nachmittag hatte ich mir keine einzige Notiz gemacht. Wie schon am Vortag war ich den Einwohnern im Dorf in ihrer Alltagsumgebung begegnet, den Postfrauen mit ihren Weihnachtsplätzchen, dem Malermeister mit seiner neuen Schreibmaschine und dem

Arbeiter mit seinem Enkelkind. Sie alle verhielten sich so selbstverständlich und auf die Gegenwart bezogen, daß meine Fragen nach der Vergangenheit beinahe störend wirkten. Denn ihnen war, so schien es mir, dieses Dorf zum Alltag geworden, während ich darin die Geschichte suchte, die sie mit dem verbanden, wonach ich sie nicht fragte: mit ihrer verlorenen Heimat.
Ich war die im Lampenlicht wie ausgestorben daliegende Hauptstraße hinuntergegangen. Als ich an der Gaststätte ›Gryglowitz‹ vorbeikam, schimmerte es gelblich im Fenster. Der Eingang war dunkel, als wäre schon geschlossen.

6

In der Gaststätte waren nur die Theke und der Billardtisch beleuchtet. Ein Mann spielte dort für sich allein und hatte die drei Kugeln in eine Ecke gedrängt, denen er, immer wieder die Haltung seines über die Bande gebeugten Körpers ein wenig verändernd, mit dem Stock kleine Stöße versetzte. An der Theke saßen einige Männer in Arbeitskleidung, unterhielten sich oder wechselten mit dem Sohn des Bäckers, der das Bier zapfte, ein paar Worte. Die Gaststätte war einige Jahre zuvor renoviert worden, die Decke und teilweise auch die Wände waren mit Holz verschalt, der Boden war mit Fliesen ausgelegt worden und die Bestuhlung neu. Alles machte einen sauberen Eindruck. Trotzdem gingen im Gegensatz zu früher nur noch wenige aus dem Dorf dort ein Bier trinken, und meistens waren es immer dieselben.
Als ich von der Toilette zurückkam, sah ich im Dämmerlicht an einer Wand das Ölbild, das ein aus dem Dorf stammender Restaurator gemalt hatte. Es zeigt die Gaststätte zu der Zeit, als sie noch eine Baracke war, mit einem

Vordach, unter dem man im Sommer hatte sitzen können. Ihr vorderer Teil war Ende der Fünfzigerjahre neu gebaut worden. Dadurch wirkte das Gebäude wie ein zweistöckiges Haus mit einem Laden und einer Gaststätte. Im zweiten Stock waren Fremdenzimmer eingerichtet worden, da Trutzhain eine Zeitlang versuchte, ein Fremdenverkehrsort zu werden. Doch diese Träume sind längst zerronnen, die Fremdenzimmer gibt es auch nicht mehr. Nur noch einige Postkarten mit »Gruß aus Trutzhain« erinnern an die Anstrengung, Fremde in den Ferien in den Ort zu holen. Auf einer von ihnen ist keine einzige Baracke zu sehen.

Ich stellte mich an die Theke, trank ein Bier. Dann kamen mehrere Männer herein und setzten sich an einen Tisch. Der junge Wirt machte etwas mehr Licht, ich ging zu dem Tisch hinüber, da ich einen der Männer kannte und wußte, daß er im Ortsbeirat vertreten war. Es dauerte eine Weile, bis ich mich bei ihm über seine Aufgaben und über die Dorfpolitik erkundigen konnte. Er habe nur beratende Funktion, erklärte er mir, er gebe weiter, was man ihm an Bitten, Vorschlägen und Problemen zutrage. Aber das Dorf sei weiterhin politisch aktiv, was man allein schon daran sehe, daß es zwei Abgeordnete im Stadtparlament stelle. Ich wies ihn auf die umgeknickten und verrosteten Straßenschilder hin. Er zuckte mit den Achseln. Das stehe schon ein Jahr lang auf der Tagesordnung. Die großen Städte seien wichtiger als dieses Dorf. Man müsse warten.

Als die Männer gingen, stellte ich mich wieder an die Theke. Dort ging es um Lottogewinne und um die zu erwartenden Fußballspiele am Wochenende. Dann fragte einer den Wirt, ob er die Sache mit der Demonstration in der Zeitung gelesen habe. Der junge Wirt suchte daraufhin in der Zeitung die Notiz, und ich schaute über die Theke und las, so gut es ging, mit. In dem kleinen Artikel ging es darum, daß am kommenden Samstag eine Demonstration gegen die Stationierung von Atomsprengköpfen in den Waffenreservaten der Treysaer Kaserne stattfinden sollte. Der Mann, der darauf hingewiesen hatte, ereiferte sich und schimpfte auf die geplante Demonstration und ihre Teilnehmer in einem Vokabular, das der Sprache des Dritten Reichs entstammte. Ich hörte mit an, daß die Leute verprügelt, verjagt und schließlich vergast werden sollten. Der Mann, der diese Worte gebrauchte, war nicht viel älter als vierzig Jahre. Er versuchte, die Zustimmung der anderen Gäste und des Wirts zu erlangen, aber der hatte nur ein rotes Gesicht bekommen und die Augen niedergeschlagen. Ich weiß nicht, wie oft ich in meinem Leben auf der Straße oder vor allem in Gaststätten solche Reden gehört habe, und ich weiß nicht, wie oft ich sie noch hören werde. Unvermindert scheinen noch immer in vielen Köpfen der Deutschen die ewigen Feinde herumzugeistern, die Vernichtungswünsche, der Haß auf alles Fremde, Unbekannte, Andersdenkende, der Kommunistenhaß, der Judenhaß, der Haß auf alle, von denen man glaubt, sie würden einem etwas wegnehmen, der Haß auf jene, die kein »normales« Leben führen und damit, letztlich, der Haß auf sich selbst. Ich weiß nicht, wie hoch der Prozentsatz derjenigen unter den Deutschen ist, die, wenn sie Gelegenheit hätten, diesen Haß auch in die Tat umsetzen würden. Plötzlich führte der Mann seine Reden angeblich im Sinne des Bauern, auf dessen vor der Kaserne gelegenem Feld die Demonstranten als Hinweis auf die atomare Bedrohung weiße Kreuze aufstellen wollten. Wenn er der Bauer wäre, sagte der Mann, und mitansehen müsse, wie die Nichtstuer und Langhaarigen das Feld zertrampelten, dann würde er die Kreuze herausreißen und sie den Demonstranten über den Köpfen zerschlagen. Außerdem war von Traktoren die Rede, von Jauche, von Wasser, von Schlägen. Ich kannte diesen Redner gut. Ich sah seine starren Augen, wenn er in die Runde blickte, und überlegte, ob ich mich einmischen sollte, ob ich sagen sollte: Halt, es ist genug, es ist unerträglich; aber ich trank schnell mein Bier aus, bezahlte und verließ das Lokal.

7

Ich trat auf die Straße hinaus, ging langsam die Königsberger Straße hinunter und traf beim Dorfgemeinschaftshaus auf eine ältere Frau, die mir den Rücken zukehrte und die ich deshalb mit einer anderen Frau aus dem Dorf verwechselte und mit falschem Namen ansprach. Als sie mich im bleichen Licht der Straßenlaterne erkannte, begrüßte sie mich und nahm mir die Verwechslung nicht übel. Auf ihre Frage nach dem Anlaß meines Besuches erklärte ich ihr, worum es mir ging. Sie sah eine Weile vor sich hin und sagte, Trutzhain sei, wenn man es einmal recht besehe, zu einem großen Altersheim geworden. Ja, ich solle nicht den Kopf schütteln, die wenigen jungen Familien, die hier noch lebten, bauten sich ihre Häuser und zögen sich zurück, gingen auswärts arbeiten, und zurückbleiben würden die Alten im Dorf. Ein Altersheim, sagte sie nochmals und wir standen uns eine Weile schweigend gegenüber. Dann glitt ein Lächeln über ihr Gesicht und wir verabschiedeten uns voneinander.
Es war gegen sieben Uhr. Vor mir glänzte die Asphaltstraße im Laternenlicht, hinter Zäunen und Hecken ragten die Giebel der Zweifamilienhäuser auf und unten am Ende der Straße lag wie der hingestreckte Schatten einer großen Gestalt die Holzbaracke des Drechslers, in der ich tags zuvor durch das Fenster die amerikanische Freiheitsstatue gesehen hatte. Gleichzeitig erinnerte ich mich an die hinter einer Fensterscheibe liegenden runden, spitz-

zulaufenden, kugelförmigen Holzstücke, an diese Reste von Arbeiten des Drechslers. Sie bildeten ein Stilleben. Und am Fensterglas hing unverändert der Holzstaub, der vielleicht Jahre zuvor dorthingeweht worden war, als der Drechsler noch lebte. Ich hatte dieses Fenster vor Augen und starrte dabei auf den glatten, staubfreien Asphalt, auf die menschenleere Straße.

AUS DER FERNE

I

Am Freitag, meinem letzten Aufenthaltstag in Trutzhain, fuhr ich gegen zehn Uhr mit dem Fahrrad in die ehemalige Kreisstadt, um drei Verabredungen nachzukommen. Für den Nachmittag hatte ich nichts mehr geplant, ich war der Befragungen ein wenig müde geworden.
Ziegenhain war ursprünglich eine alte Festung gewesen, geschützt durch Mauern und einen breiten Wallgraben. Während der Fehden und Kriege zwischen den Hessischen und den Hohenloher Landgrafen, zwischen Hannover und Preußen, war die Wasserfestung die einzige Zufluchtsstätte für die Bauern aus der Schwälmer Umgebung.
Die Schwälmer müssen ein eigenartiges und dickköpfiges Volk gewesen sein. Bis heute tragen die Alten eine merkwürdige Tracht und sprechen einen mir kaum verständlichen Dialekt. Die Frauen flechten ihre langen Haare zusammen und stecken sie als einen kurzen Stummel, den »Schnatz«, auf der Mitte des Kopfes fest. An Feiertagen stülpen sie ein Häubchen darüber. Sie tragen bis zu vierzehn Röcke und die Farben der Überkleider haben verschiedene Bedeutung: Rot ist die Farbe der ledigen, grün die der jungverheirateten, lila die der älteren Frauen und schwarz ist die Farbe des Alltags und der Trauer. Schwarze knielange Hemdkleider tragen auch die Männer, dazu weiße baumwollene Kniestrümpfe, Schnallenschuhe und auf dem Kopf einen flachen runden Hut.
Die Häuser in der Schwalm haben ein lebhaftes Fachwerk, spitze, vorspringende Giebel und Schindeldächer. Von solchen Häusern sind in Ziegenhain nicht mehr viele erhalten. Teilweise wurden sie abgerissen, umgebaut, verkleidet, und die breiten Schaufensterfronten oder geschmacklosen Betonneubauten in der Geschäftsstraße

machen diese Stadt vielen anderen Kleinstädten Deutschlands ähnlich. Eine Umgehungsstraße ist geplant, und dann ist es nur noch eine Frage der Zeit, wann auch in Ziegenhain eine Fußgängerzone eingerichtet wird. Der kleine Fluß, der durch die Stadt floß, ist schon um sie herumgelegt worden. Einmal, vor Jahren, als ich in der Stadt war und von der Umlegung noch nichts wußte, ging ich über die Flußbrücke und sah aus Gewohnheit hinab. Wie ein Schmerz durchfuhr es mich, als ich unter mir statt des fließenden Wassers eine starre lehmige Erdfläche wahrnahm, aus der frisch eingesätes Gras herausschaute. Der zugeschüttete Fluß ist zwar nur eine Äußerlichkeit, ich aber hatte damals diese Veränderung als einen Gewaltakt empfunden, aufgrund derer ich die Stadt mit anderen Augen sah: nüchterner, klarer und mit Enttäuschung.

Der alte Stadtkern Ziegenhains innerhalb des Grabengürtels ist geblieben und restauriert worden: das Schloß, in dem sich ein Gefängnis befindet, der Schloßplatz und mehrere alte Stein- und Fachwerkbauten. Meine erste Verabredung führte mich dorthin.

2

Ich stellte mein Fahrrad vor der »Alten Wache« ab, einem gedrungenen, mit hohen Fenstern versehenen Sandsteinbau, in dem sich ein Archiv der Stadt befindet. In den Räumen des Dachgeschosses sind Schränke und Regale aufgestellt, in denen in Leder gebundene Bücher, Schriftrollen und Landkarten lagern.

Es waren schöne Räume, in die ich hineingebeten wurde, und der Archivar war ein freundlicher älterer, wenn auch etwas ratloser Mann, denn meine Frage nach Unterlagen über das ehemalige Stalag IXa, über die Anfänge der Siedlung oder gar über einen an gleicher Stelle gelegenen mittelalterlichen Ort Trautshain oder Truxhain beantwortete er mit einem Kopfschütteln, da gebe es kaum etwas. Er legte mir ein neueres Buch vor, in dem die Geschichte von Ortschaften in Hessen und in der Schwalmgegend verzeichnet war. Trutzhain war mit einer dreiviertel Seite bedacht worden. Die Angaben in dem Artikel waren mir alle bekannt. Neu war für mich lediglich, daß die alte B 454 schon im Mittelalter ein Handelsweg gewesen war und bis ins 19. Jahrhundert den Namen »Niederrheinische Straße« führte.

Als nächstes legte er mir eine schmale Akte vor, auf der »Trutzhain« stand. Die Akte war leer bis auf ein Foto, von dem der Mann sagte, er habe es auf einem Dachboden gefunden und vorsichtshalber aufgehoben. Es war doppelt so groß wie eine Postkarte, auf Pappe aufgezogen und zeigte eine Szene aus dem ehemaligen Gefangenenlager. Vor einer Baracke in der Nähe des Wachturms, dessen Balkensockel noch zu sehen war, standen Soldaten der Wehrmacht in Reih und Glied, vor ihnen ein Offizier mit einer Schirmmütze, wahrscheinlich der Lagerkommandant. Vor den Baracken waren Blumenkübel aufgestellt. Ich sah das bräunlich schimmernde Foto lange an, aber je mehr ich daraufstarrte, desto mehr ähnelte es einem x-beliebigen Militär- und Soldatenfoto aus der Hitlerzeit. Das sei alles, was er mir bieten könne, sagte der Archivar.

Ich fragte ihn nochmals nach älteren Dokumenten. Er holte eine Karte für das Kurfürstentum Hessen aus dem Jahre 1859 hervor und deutete auf die Stelle, wo »Trautshain« gelegen haben mußte. Auf dieser Karte waren vor allem die Namen der Äcker und Waldgebiete verzeichnet. Ich sah das »Struthfeld« und zwischen dem »Kessel« und dem »Männerwald« die »Trutzborn« genannte Quelle oberhalb der Fasanenwiese.

Das letzte, was mir der Archivar zeigen konnte, war ein Stich aus der Zeit des Dreißigjährigen Krieges. Ein Panoramabild erfaßte das ganze Schwalmtal und erweckte den Eindruck, als würde man von einem hohen Berg in die Ebene schauen. Eingezeichnet waren die Flüsse Schwalm, Steina und Grenf, die »Feste Ziegenhain« und die zwischen leichten Erhebungen liegenden Schwalmdörfer. Auf den Waldhügeln und in den Senken waren Truppen abgebildet: in ihrer Stellung und in der Richtung ihres Vormarsches. Aus den Dörfern schlugen hohe rauchende Flammen. Vorn am rechten Bildrand war das Dorf Niedergrenzebach, wiedergegeben in der stilisierten Form eines Kirchturms und einiger brennender Häuser. Hinter diesem Feuer, so dachte ich nach meiner räumlichen Abschätzung dieses Plans, müßte »Trautshain« gelegen haben, genau an der Stelle, wo sich der Rauch über den Flammen in Ringen zusammenballte.

3

Um zur nächsten Verabredung zu gelangen, mußte ich nach dem Weg fragen. Ich geriet schließlich in ein Wohnviertel aus den späten Fünfzigerjahren, dessen eintönige Bauweise der Mietshäuser von der Einfallslosigkeit des Architekten und den aufs Notwendigste abzielenden Vorschriften der Behörden geprägt war. Ich fand die Hausnummer, klingelte, der Türöffner schnurrte, ich betrat einen tristen Treppenflur und war froh, ihm nicht nach oben folgen zu müssen, denn gleich an der nächsten Wohnungstür erwartete mich ein kleingewachsener Mann, dessen faltenreiches Gesicht von einem verschmitzten Lächeln beherrscht wurde. Er führte mich in ein schmuckloses Wohnzimmer, in dem niedrige Bücherschränke standen, und forderte mich auf, hinter einem Couchtisch Platz zu nehmen. Er selbst setzte sich auf ein Sofa, legte die Hände ineinander und sah mich lächelnd an. Ich hatte ihn aufgesucht, weil ich erfahren hatte, daß er noch Fotos aus der Zeit der Flüchtlingssiedlung besaß, die er selbst gemacht hatte. Er kam von allein darauf zu sprechen. Viele Fotos seien ihm nicht mehr geblieben. Als seine Tochter nach Amerika auswanderte, habe sie sich auch Fotos von Trutzhain mitgenommen, und er frage sich noch heute, was sie eigentlich dazu verleitet habe, da sie den Ort kaum kannte. Aber er hätte mir alles, was er zurückbehalten habe, zusammengesucht.

Von den zwölf mit einem weißen, gezackten Rand umgebenen Fotos, die er mir überreichte, war mir der größte Teil schon aus der Dorfchronik vertraut. Zwei von ihnen zeigten den Holzplatz hinter der Kistenfabrik. Die beiden Sägespänesilos, von denen das westlich gelegene abgebrannt war, standen noch. Von ihren Dächern zogen sich die langen Rohre, durch die das Sägemehl geblasen worden war, hin zu den Fabrikbaracken. Wieder fielen mir die hinter den Gebäuden lang aufschießenden Pappeln auf, die als senkrechte Formen eine strenge Symmetrie zu den langgestreckten Baracken bildeten. Einige andere Fotos waren in der ›Altstadt‹ aufgenommen worden und zeigten, wie schief die Fenster und Türen in den Wänden saßen. Drei Fotos bildeten den Dorfeingang ab mit den Frontseiten der Baracken, die mit ihren vorgezogenen Dächern ehemals Wachlokale gewesen waren. Einige Wagen parkten am Straßenrand, Männer in langen Mänteln und mit Hüten standen davor. Diese Fotos erinnerten mich, ohne daß ich je dort gewesen war, an das Amerika der Zwanzigerjahre und ich mußte zugleich an die Tochter des Mannes denken, die in dieses Land ausgewandert war.

Über das Dorf konnte er mir nicht viel erzählen. Schon 1953 war er von dort nach Ziegenhain gezogen und hatte den Kontakt verloren. Gegenüber den Anfängen, als dort nichts anderes als Baracken gestanden hatten, habe es sich aber mit den vielen Neubauten gewaltig verändert. Nur die Hauptstraße gebe noch immer einen Eindruck davon wieder, wie es einmal gewesen war. Als ich ihn darauf ansprach, daß damals doch in der Siedlung viel passiert sei, erzählte er mir die Sache mit dem Druckkessel für die Brauerei und er bestätigte mir anschließend, daß einige Flüchtlinge sich mit ihren Betriebsgründungen übernommen und auch gar nicht die Fähigkeit besessen hätten, ein Unternehmen in dem Maße, wie sie es sich zumuteten, und in einer industriell veränderten Zeit, zu führen.

Der Mann hatte, während er mir die Geschichte von dem Druckkessel erzählte, in sich hineingelacht, und ich hatte ihm angesehen, daß vor seinen Augen Bilder entstanden, die ich niemals würde sehen und die niemals jemand hätte fotografieren können, Bilder von Gesichtern, von Gesten, von Sprechweisen, von Umständen und Stimmungen, die weit entfernt waren von jeder Möglichkeit der Dokumentation, der erzählenden Darstellung oder des faktischen Berichts. Wie ein dürftiger Ersatz dafür erschienen mir dann die Fotos, die er aus seinem Album herausgelöst hatte, um sie mir beim Abschied zu schenken.

4

Ich fuhr in eine südlich gelegene Neubausiedlung der Stadt, um meinen dritten und letzten Besuch abzustatten. Das Einfamilienhaus, vor dem ich mein Fahrrad abstellte, sah klein und gedrungen aus, als hätten die Eigentümer an Geld und Platz sparen müssen. Auf mein Klingeln hin wurde mir die Tür von einem großgewachsenen Mann geöffnet, dessen weißes Kopfhaar schon gelichtet war. Mit trüben und verschwommen wirkenden blickte er in meine Richtung, ohne mich anzusehen. Er war blind. Im engen Hausflur tastete er sich an der Wand entlang, drückte die Klinke einer mit einem Glaseinsatz versehenen Tür, durch die ich nach ihm ein kleines Eßzimmer betrat. Er ließ sich auf einer Bank nieder und legte die Arme auf einen Tisch, der im Verhältnis zur Länge seiner Unterarme viel zu klein wirkte. Dabei saß er aufrecht und starrte an mir vorbei.

Der Blinde war während des Krieges im Lager Sanitäter gewesen. Er begann, kaum daß ich mich gesetzt hatte, zu erzählen und verfiel in einen nur von rhetorischen Fragen unterbrochenen Monolog, dessen Perfektioniertheit ich erst begriff, als er zwischendurch einmal bemerkte, daß er alles, was er mir sagte, auch schon auf Tonband gesprochen habe.

Anfangs schilderte er mir, wie der Alltag im Kriegsgefangenenlager abgelaufen war: die gesunden Gefangenen wurden über die Woche von den umliegenden Bauern abgeholt und mußten Feldarbeit verrichten. Dabei sei es ihnen nicht schlecht ergangen, weil sie genug zu essen bekamen. Aber dieser Alltag schien ihn nur wenig zu interessieren. Ziemlich bald kam er auf Ereignisse zu sprechen, die aus dem Rahmen fielen. Da war zum einen der Fliegerangriff im Februar 1945, bei dem viele Kriegsgefangene starben. Die Franzosen und Italiener hätten nach der Essensausgabe immer in ihren Betten gelegen und es sei ihr Schicksal gewesen, daß die kanadischen Tiefflieger einige Maschinengewehrsalven in die Barackendächer geschickt hätten, wobei die, die in den dreistöckigen Betten ganz oben lagen, getroffen wurden. Er sprach von den Toten wie von verdorbenen Kartoffeln, und ich stellte mir vor, daß es ihm damals so vorgekommen sein mußte. Fortwährend starben Gefangene an irgendwelchen Krankheiten und ein unvorhergesehener, von den Kanadiern, die das Lager für ein Munitionsdepot hielten, irrtümlich ein-

geleiteter Fliegerangriff mußte nichts anderes als eine plötzlich ausgebrochene Krankheit bedeutet haben.
Dann fragte er mich, ob ich die Baracke kennen würde, in der jetzt die Seifenfabrik sei. Dort sei die Entlausungsbaracke gewesen. In dieser Baracke seien vier Öfen gewesen, besser gesagt vier Schornsteine, in die man die Kleider der Gefangenen stopfte. Darunter wurden Cyklon-B-Gaskonserven gesteckt und geöffnet. Das Gas sei durch die Schornsteine entwichen. Es habe noch ein paar Stunden gedauert, bis die Kleider wieder angezogen werden konnten, denn das Gas habe sich über lange Zeit in ihnen festgesetzt. Ob ich wisse, woher das Cyklon-B gekommen sei? Ich antwortete, es sei meines Wissens von der Firma Hoechst hergestellt worden. Aber damit konnte er nichts anfangen, und er nannte mir statt dessen den Namen einer Zuckerfabrik in Dessau. Und ob ich wisse, was mit den Russen passiert sei? – Natürlich wußte ich das nicht. – Sie hätten vergessen, die Fenster zu öffnen. – Wie ich das verstehen solle? – Ganz einfach, sagte der Blinde, das Cyklon-B habe noch in ihren Kleidern gesteckt, als sie sich abends in ihrer Baracke hinlegten, bei geschlossenen Fenstern, so hätten sie sich selbst vergiftet, 1941, 32 Russen in einer Nacht.
Auch diese Nachricht war ihm sachlich und nüchtern über die Lippen gekommen, und bevor ich meinem Erstaunen Ausdruck geben oder nachfragen konnte, warum denn niemand von den Wachsoldaten aufgepaßt habe, hatte er neben sich auf die Bank gegriffen. Er holte eine Art Heft hervor, legte es in meine Nähe und fragte mich, ob ich dieses Büchlein schon einmal gesehen habe. Ich verneinte und betrachtete den Umschlag, auf dem die Bezeichnung des Gefangenenlagers geschrieben war und der Titel: »Bad Obersdorf 1941«. Diese Überschrift enthielt eine Anspielung auf den damaligen Lagerkommandanten, Oberst Linke, dem das Heft zu Weihnachten 1941

überreicht worden war von einem Unteroffizier namens Weiß, über den ich von dem Blinden erfuhr, er sei jetzt in der DDR und bekleide dort einen hohen Posten in der Regierung. Das Heft enthielt ein in Versform abgefaßtes Gedicht, eine Art Lobrede auf den Kommandeur, unterbrochen von kleinen Skizzen. Beim Durchblättern sah ich die Abbildung eines der Feuerlöschteiche, des Ziegenhainer Zuchthauses, dann waren Wegweiser aufgezeichnet, von denen einer nach »Obersdorf« zeigte, womit das Lager gemeint war. Ich überflog auch die Gedichtzeilen, von denen mir nur eine in Erinnerung geblieben ist, in der es hieß, daß die frech gewordenen Polenhorden nach Ziegenhain gekommen seien und der Tommy ihnen bald folgen würde.
Während ich noch daran dachte, daß ich das Heft für mich kopieren sollte, hatte der Blinde mir einige Fotos vorgelegt, auf denen ich Baracken und davorstehende Soldaten erkennen konnte. Es waren Fotografien aus dem Stalag. Auch an den Wänden des Eßzimmers hatte ich Fotos von NS-Soldaten gesehen, die die Brüder des Mannes zeigten. Von ihnen sah ich wieder zurück auf die Stalagfotos, deren Besonderheit plötzlich unter meinen Blicken zu schwinden schien, als gehörten die Baracken nicht zu dem Ort, in dem ich aufgewachsen war, sondern zu irgendeinem der Gefangenen- oder Militärlager im Deutschen Reich: es waren einfach nur Holzbaracken für Soldaten, für Deportierte, für Internierte, für Durchgänger, für Flüchtlinge oder Vertriebene.
Von neuem merkte ich, daß ich es müde war, diese Fotos anzusehen, dem Blinden, der unentwegt weiterredete und gerade bei seiner Verwendung als Sanitäter für die amerikanischen Besatzer im Krankenhaus Treysa angekommen war, zuzuhören, ich vergaß zu fragen, ob ich mir das Heft des Herrn Weiß kopieren könnte, ich vergaß auch die 32 toten Russen, die vielleicht den Anfang für das

Massengrab auf dem Waldfriedhof gemacht hatten, und ich verspürte nur noch den Wunsch, dieses enge Eßzimmer verlassen zu können und zugleich die in ihm heraufbeschworene Geschichte.

5

Ich fuhr auf Nebenwegen außen um die Stadt herum, Sprühregen fiel mir entgegen wie am Ankunftstag. Der Himmel hatte sich wieder zugezogen, der Wind kam aus Nordosten und ich mußte auf dem Fahrrad gegen ihn ankämpfen.

Am Nachmittag ruhte ich mich aus und blätterte gegen Abend in meinem Notizheft. Dabei fiel mir auf, daß ich noch immer nicht herausbekommen hatte, in welchem Jahr die Rotdornbäume an der Hauptstraße abgeholzt worden waren. Meine Mutter nannte mir jemand, der zu jener Zeit, Ende der Sechzigerjahre, in der Gemeindevertretung war und darüber Bescheid wissen müßte. Es war der Steinmetz im Dorf. Ich zog meinen Mantel über und ging zu ihm in die Reichenberger Straße.

Wir unterhielten uns in seiner Werkstatt, wo ich ihn, an einem Grabstein arbeitend, angetroffen hatte. Er versprach mir, in den Protokollen, die er noch irgendwo aufbewahrt haben müßte, nachzusehen. Ich erzählte ihm von meinem Vorhaben und erwähnte dabei auch die Nachforschungen des ehemaligen Schulleiters über die Vorgeschichte des Dorfes. Da warnte mich der Steinmetz davor, allen Recherchen des Lehrers zu glauben. Als ich nach dem Grund fragte, führte er mich zu einem Schrank, in dem zu meiner Überraschung Hunderte von frühgeschichtlichen Funden aus der Steinzeit aufbewahrt waren. Er erklärte mir, daß er schon seit langer Zeit in der Umgebung von Trutzhain und Neukirchen nach Handkeilen, nach frühen Ofenkacheln, nach Pfeilspitzen oder Töpfersachen suche. Die Waldgebiete oberhalb von Trutzhain und Neukirchen seien in dieser Beziehung sehr ertragreich. Aufgrund seiner Nachforschungen habe er auch den ursprünglichen Standort des früheren Hofes ausgemacht, der einmal den Namen Trautshain getragen habe. Er zeigte mir einige kleine Keramikstücke, die er in der Nähe der Fasanenwiese gefunden hatte. Dort wolle er noch weitersuchen und werde sicherlich auch fündig werden und, wenn es an der Zeit sei, auch einen Bericht verfassen. Er führte mich hinter seine Werkstatt und leuchtete dort mit einer Taschenlampe auf viele übereinandergestellte Obstkiepen. Als ich in eine von ihnen auf seine Aufforderung hin hineingriff, hatte ich einen steinzeitlichen Handkeil in der Hand. Die Obstkisten waren voll davon.

Ich erinnere mich noch daran, daß ich mit befreiten Gefühlen von dem Steinmetz weggegangen bin. Die »Handgreiflichkeit« der Steinzeit, die jahrtausendealten Werkzeuge, die ich in der Hand gehalten hatte, relativierten, so kam es mir vor, die kurze, gedrängte Geschichte, auf deren Spuren ich mich in den vergangenen Tagen bewegt hatte und über die ich sowohl die Gegenwart wie auch die Geschichte als Menschheitsgeschichte vergessen hatte. Zum ersten Mal glaubte ich, wieder frische Luft zu atmen.

Ich war die Reichenberger Straße hinauf zur Hauptstraße gegangen. Sie lag menschenleer im milchigen Licht der in weiten Abständen voneinander stehenden Straßenlampen. Gegen die Glaswand der neben dem Feuerwehrhaus stehenden Telefonzelle lehnte ein Jugendlicher. Er hatte den Telefonhörer am Ohr. Nur manchmal bewegte er seine Lippen. Nirgends stand ein Auto. Der junge Mann in der Telefonzelle hängte gerade, als ich an ihm vorbeiging, den Hörer ein, trat aus der Zelle heraus, wechselte die Straßenseite und verschwand auf einem schmalen Weg zwischen zwei Baracken. Vor den Barackenfenstern in der Königsberger Straße waren die Rolläden heruntergelassen. Nichts, keine Bewegung, kein Geräusch verrieten, daß dieser Ort bewohnt war. Nach dem Schrei einer Katze war wieder Stille. Da erinnerte ich mich an das Schild, das ich im Schaufenster des ehemaligen Gemischtwarenhändlers, an dessen Geschäft ich gerade vorbeigekommen war, gesehen hatte. Es hing seit Jahren, seit dem Tod des Kaufmanns, dort und war mittlerweile verblichen. »Ausverkauf« stand darauf. Wie um mich dessen zu vergewissern, hatte ich durch das Schaufenster nach innen geschaut und einen wie geplündert vor mir liegenden Verkaufsraum gesehen.

Später, zu Hause, habe ich dann mit meiner Mutter über das Dorf gesprochen und gemeint, es erscheine mir wie ein Symbol für die jüngste Vergangenheit dieses Landes. Krieg, Hitler-Zeit, Juden, Altersheim, Anpassung, Selbstverwaltung, Fortschritt und Stillstand – das waren wohl die Worte, die ich dabei benutzte, und auch immer wieder das Wort Symbol, das aber für meine Mutter keinen Sinn ergeben haben mußte, denn sie lebte, wie alle anderen Einwohner auch, in einem Dorf in der Gegenwart und nicht in einem Symbol.

6

Am nächsten Morgen fuhr ich gegen Mittag mit dem Zug in Richtung Frankfurt. Es war über Nacht kälter geworden. Mein Abteil war überheizt. Während der Fahrt schrieb ich einige Sätze in mein Heft, mit denen ich meine Notizen abschloß: »Am Treysaer Bahnhof lagen zwischen den Schienen rostbrauner Schotter und Abfall von der gleichen Farbe, und ich erkannte die aus den Zugfenstern hinausgeworfenen Dinge erst nach langem, genauem Hinsehen. – Jetzt, hinter Gießen, setzt plötzlich Schneetreiben ein, es bleibt mir nur eine geringe Sicht. Alles in der Landschaft ist mit einem Mal weiß, sogar die Luft ist weiß, und wüßte ich es nicht, ich könnte nicht sagen, durch welche Gegend, durch welches Land dieser Zug fährt. Doch auch die Sicherheit des Wissens verliert sich allmählich, je länger ich hinausschaue auf den wirbelnden Schnee.«

7

Ursprünglich hatte ich vorgehabt, mit dieser Notiz mein Manuskript über Trutzhain zu beenden. Ich blieb noch zwei Tage in Italien und reiste dann mit dem Nachtzug nach Deutschland zurück. Es war noch dunkel, als er im Baseler Grenzbahnhof einfuhr. Von der Zollkontrolle blieb ich verschont, aber ein Polizeibeamter überprüfte lange die Angaben in meinem Paß und suchte vergeblich meinen Namen in seinem Fahndungsbuch. Seine mißtrauischen Blicke hatten mich völlig wachgemacht. Stehend oder sitzend verbrachte ich den Rest der Fahrt im Gang vor den Abteilen. Bei Anbruch des Tages sah ich auf die immer noch winterlich graue Landschaft.

Zu Hause blätterte ich an den ersten Tagen die Zeitungen der vergangenen Wochen durch. In einem der Artikel wurden die Vorstellungen der neuen Regierung mit der Politik der Adenauerära verglichen. Vor allem aber stieß ich auf Zahlenangaben, die Kürzungen im sozialen und kulturellen Bereich bedeuteten. Das Demonstrationsrecht sollte eingeschränkt und modifiziert werden. Die Deutschen wurden aufgefordert, wieder mehr zu arbeiten. Ich las etwas über die steigende Zahl der Arbeitslosen und noch eine andere Zahl stach mir ins Auge, die alle

Maßangaben übertraf. Es war die Zahl 4500000000000. Viereinhalb Billionen. Ihre Bedeutung: Verteidigungsausgaben der USA in den Jahren 1985 bis 1989. Das Ziel: ein sicheres Gleichgewicht der Abschreckung. Bei mir hatte allein schon die Zahl das Gegenteil bewirkt. Ich war nicht nur erschrocken, sondern ich bekam Angst, die von weiteren Zeitungsartikeln nur noch geschürt wurde. Wie hypnotisiert entdeckte ich nur noch Artikel, in denen von Kriegsgefahr, Atombomben und Nachrüstung die Rede war. Als ich mir dessen bewußt wurde, legte ich die Zeitung weg und sah auf das auf dem Schreibtisch liegende Manuskript, blätterte darin, wie um mich zu vergewissern, daß es tatsächlich existierte. Denn plötzlich war ich überzeugt davon, daß ich es nicht hätte verfassen können, wenn ich nicht weggefahren wäre und wenigstens für eine kurze Zeit diese Umgebung der Angst- und Ohnmachtsgefühle erzeugenden Nachrichten verlassen hätte.

Als ich die auseinandergefächerten Manuskriptseiten aufnahm, um sie zusammenzuschütteln und zu ordnen, fielen zwei heftgroße Blätter zwischen den Seiten heraus. Wie sie unter das Manuskript geraten waren, wußte ich nicht. Es handelte sich bei ihnen um Notizzettel des ehemaligen Schulleiters in Trutzhain. Sie stammen aus dem Jahre 1960. Auf dem ersten Blatt steht in Bleistift geschrieben das Wort »Prüfungsarbeit«. Die dafür vom Lehrer schnell und stichwortartig aufnotierten Fragen möchte ich zum Schluß aufschreiben. Sie lauten:

8

1. In welchen Formen legten die Menschen ihre Dörfer an?
2. Welche Dorfform hat Trutzhain?

3. Was weißt Du zu den folgenden Zahlen zu berichten: 1294, 1859, 1939–45?
4. Wann wurde in Trutzhain die Schule eröffnet? Wann wurde Trutzhain selbständige Gemeinde? Wann wurde in Trutzhain das Dorfgemeinschaftshaus eingeweiht?
5. Wieviele Einwohner hat London, Frankfurt, Marburg, Ziegenhain, Trutzhain?
6. Nenne 3 Industriebetriebe, 3 Handwerksbetriebe, 3 Kaufleute in Trutzhain.
7. Welche gemeinnützigen Einrichtungen kennst Du in Trutzhain?
8. Wo stammen Deine Eltern her? Ort. Land.
9. In welche Teile wurde Deutschland nach dem 2. Weltkrieg zerrissen?
10. Nenne die Länder der SBZ mit den früheren Hauptstädten und die Länder östlich der Oder-Neiße-Linie.
11. Wer ist Heimatvertriebener? Wer ist Flüchtling? Wer ist Evakuierter? Wer ist Internierter? Wer ist Verschleppter?
12. Was weißt Du aus der alten Heimat Deiner Eltern zu berichten?
13. Was war Berlin früher?
14. Was ist Berlin heute?
15. Erkläre einen Begriff aus dem erweiterten Wortschatz: Inflation, Tradition, Experiment, Provisorium, Information, Kapitulation, Existenz.
16. Nimm zu den Fragen Stellung!

Neuere Literatur

Hubert Fichte
Detlevs Imitationen »Grünspan«
Roman. Band 5074
Die Palette. Band 5057
Versuch über die Pubertät
Band 5402
Das Waisenhaus
Roman. Band 5434
Wolli Indienfahrer Alle St. Pauli-Interviews
Band 5425
Petersilie
Die afroamerikanischen Religionen
Santo Domingo, Venezuela
Miami, Grenada
Band 5437
Xango
Die afroamerikanischen Religionen
Bahia, Haiti, Trinidad. Bd. 5436

Hans Frick
Die blaue Stunde
Roman. Band 5064

Erich Fried
Ein Soldat und ein Mädchen
Roman. Band 5432

Hans J. Fröhlich
Einschüchterungsversuche
Erzählungen. Band 5081

Günter Bruno Fuchs
Bericht eines Bremer Stadtmusikanten
Roman. Band 2098
Krümelnehmer oder
34 Kapitel aus dem Leben des Tierstimmen-Imitators Ewald K. Band 2110

Franz Fühmann
Der Geliebte der Morgenröte. Band 5073

Lars Gustafsson
Sigismund
Roman. Band 2092
Der Tod eines Bienenzüchters
Roman. Band 2106
Sprache und Lüge
Drei sprachphilosophische Extremisten. F. Nietzsche, A. B. Johnson, F. Mauthner.
Band 5405

Peter Handke
Der Hausierer. Band 2093

Stephan Hermlin
Aufsätze, Reportagen, Reden, Interviews. Bd. 5416

Hanna Johansen
Die Analphabetin
Erzählung. Bd. 5442
Die stehende Uhr
Roman. Band 2105
Trocadero. Bd. 5414

Fischer Taschenbuch Verlag

fi 139/4b

Das Klassische Programm

Anthologien

Spiele ohne Ende
Erzählungen aus 100 Jahren
S. Fischer Verlag
Herausgegeben von
Hans Bender
880 Seiten. Leinen

Über, o über dem Dorn
Gedichte aus 100 Jahren
S. Fischer Verlag
Herausgegeben von
Reiner Kunze
179 Seiten. Leinen

Gedanke und Gewissen
Essays aus 100 Jahren
S. Fischer Verlag
Herausgegeben von
Günther Busch und
J. Hellmut Freund
664 Seiten. Leinen

Kassetten

Franz Kafka
Werke
Kassette mit 7 Bänden
2304 Seiten. Geb.

Thomas Mann
Die Romane
Kassette mit 7 Bänden
5703 Seiten. Geb.

Luise Rinser
Kassette mit 4 Bänden
1506 Seiten. Geb.

Virginia Woolf
Romane
Kassette mit 5 Bänden
1284 Seiten. Geb.

Einzelbände

Ilse Aichinger
Die größere Hoffnung
Roman
Meine Sprache und ich
Erzählungen
verschenkter Rat
Gedichte
564 Seiten. Leinen

Raymond Aron
Frieden und Krieg
Eine Theorie der Staatenwelt
942 Seiten. Leinen

Paul Celan
Sprachgitter
Die Niemandsrose
Gedichte
158 Seiten. Leinen

Paul Celan
Übertragungen aus dem Russischen. Alexander Blok. Ossip Mandelstam. Sergej Jessenin
158 Seiten. Leinen

René Char
Draußen die Nacht wird regiert
Poesien
Ausgewählt von
Christoph Schwerin
215 Seiten. Leinen

Joseph Conrad
Lord Jim.
Eine Geschichte
463 Seiten. Leinen

Tibor Déry
Der unvollendete Satz
Roman. 951 Seiten. Leinen

Sigmund Freud
Kulturtheoretische Schriften
657 Seiten. Leinen

fi 490/2a

Marie Luise Kaschnitz

Das Haus der Kindheit
Band 5939

»Die Faszination, welche die Tagebuchform schon stilistisch auf die Autorin ausübte, zeigt sich schon darin, daß sie ihre Kindheit weder in der Form der Erinnerung noch in einer Autobiographie darstellt, sondern durch ein fingiertes Tagebuch einer fingierten Erzählerin (...) in die Gegenwart zieht.«
(Elisabeth Pulver)

Eines Mittags, Mitte Juni
Erzählungen. Band 5815

Dieser Sammelband vereint eine Auswahl aus »Lange Schatten« und einige frühe, bisher wenig bekannte Erzählungen. Poetische Texte, in denen die Realität durchaus ihr Recht behält.

Wohin denn ich
Aufzeichnungen. Band 5814

»Die Einsamkeit und Umweltlosigkeit wird am Einzelfall des Witwenschicksals dargestellt mit einer Kühnheit und Folgerichtigkeit, die ihresgleichen sucht in der von Frauen geschriebenen Literatur.«
(Geno Hartlaub)

Überallnie
Ausgewählte Gedichte 1928–1965
Mit einem Nachwort von Karl Krolow
Band 5720

Die Genauigkeit ihrer Sprache entspricht der Suche nach der »härtesten inneren Wahrheit«, von der Marie Luise Kaschnitz selbst einmal gesprochen hat.

Fischer Taschenbuch Verlag

fi 346/2

Klaus Schlesinger

Klaus Schlesinger wurde 1937 in Berlin geboren. Nach einer Ausbildung zum Chemielaboranten und Studium an einer Ingenieurschule lebt er heute als Journalist und Schriftsteller in Ost-Berlin. Er hat Erzählungen, Reportagen, Hörspiele und Filmszenarien geschrieben. Im Juni 1979 wurde Klaus Schlesinger zusammen mit acht anderen Autoren wegen kritischer Äußerungen zur DDR-Kulturpolitik aus dem Schriftstellerverband der DDR ausgeschlossen.

Alte Filme
Eine Berliner Geschichte
124 Seiten. Leinen
Fischer Taschenbuch Band 2091

Berliner Traum
Fünf Geschichten
172 Seiten. Leinen
Fischer Taschenbuch Band 2101

Leben im Winter
Erzählung
126 Seiten. Geb.

Matulla und Busch
Fischer Taschenbuch Band 2337

Michael
Roman
Fischer Taschenbuch Band 5409

S. Fischer
Fischer Taschenbuch Verlag

fi 130/2